一流の人は、教わり方が違う。

Nakatani Akihiro
中谷彰宏

KAWADE夢新書

教えてあげたいと
思わせる人が
成長する
中谷彰宏

あきひろ

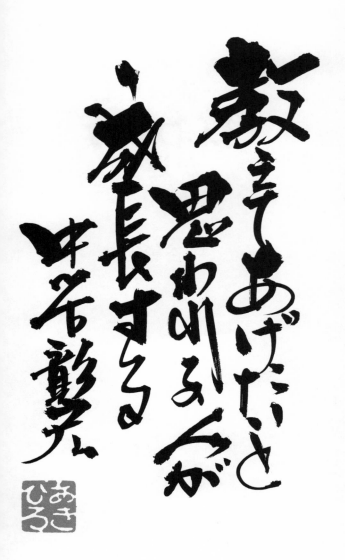

この本は、3人のために書きました。

1 **教わり方が、わからない人。**

2 **先生が、見つからない人。**

3 **教えてあげたいと思ってもらえる人になりたい人。**

prologue

01

一流は、弟子になる。二流は、お客様になる。

人間関係の大半は、教える・教えられる関係です。

会社では上司と部下、スポーツではコーチと選手、習いごとでは先生と生徒など、いろいろなところにあります。

そのパターンは、

①師匠と弟子

②サービスマンとお客様

の2通りです。

習いごとで多いのは、生徒をお客様にしてしまうことです。

生徒をほめて、また来てもらうことが、サービスマンの目的です。

生徒側としては、成長よりも満足を得るようになります。

あたかも商品を買うように習いごとをしに行く関係が、教える場では起こりがちです。

教える側は、本当は師匠と弟子の関係でいたいのです。

お客様にしてしまうと、厳しいことが言えなくなります。


とはいえ、厳しいことを言えば、生徒が来なくなります。

食べていくために、背に腹は代えられず、お客様扱いするのです。

そうなると教えられる側の成長はとまります。

上司と部下の関係でも、「なんでもっとほめてくれないんだ。私はほめられて伸びるタイプなのに」と言う部下が多いのです。

習いごとなら、「もっとほめてくれるところ」に行きます。

会社の場合は、隣の部の上司はほめてくれて、自分の上司はほめてくれないことがあります。

ここで隣の部の上司の下に行きたいと思う人は、自分の成長よりも他者承認を求めているのです。

コロナの時代になって、「誰か何とかして」という受け身の〝お客さん〟が今、世の中に蔓延《まんえん》しています。

教える・教えられる関係は教育産業なのに、サービス業に変わってきているのです。

自分が教えてもらう時は、お客様ではなく、弟子になる覚悟が必要です。

そうすれば、「なんでもっとほめてくれないんだ」と言いません。

「先生の都合に振りまわされる」とか「上司が自分の主張を押しつける」という文句がなくなります。

成長もでき、ストレスもなくなるのです。

一流の人の教わり方 01

お客様ではなく、弟子になる。

一流の人が実践している「教わり方」60の習慣

一流の人は、教わり方が違う。

Contents

装丁◉こやまたかこ

02
一流は、自分のことを聞く。
二流は、他の人のことを質問する。

プロから厳しいことを言われるのは、教わる側としてはつらいことです。

そのつらさから逃避《とうひ》しようとして、「あの人のあれは、いいんですか」と言ってしまいがちです。

「これができない人がたくさんいますが、どうしたらいいんでしょうか」という聞き方をしがちです。

他の人のことを挙げて、自分を見つめるつらい現実から話をそらそうとするのです。

特に、コロナで追いつめられると、現実逃避したくなります。

これをすると、その場のつらさは回避できますが、自分の成長にはつながりません。

一流の人は、どこまで行っても、「私はどうすればいいのか」と聞きます。「私のどこがいけないのか」「私は何を改善したらいいか」「私はどうすべきなのか」と、「私」について聞いていきます。

つらくても、自分のことから逃げないのです。


質問をする時は、自分のことについて聞くことです。

他の人が気になり始めるのは、自分のことから逃げようとしているのです。

一流の人の教わり方 02
他の人への質問で逃げない。

03

一流は、プロの凄《すご》さがわかる。二流は、プロと張り合おうとする。

人間には、

①プロ

②プロの凄みがわかる人

③プロの凄みがわからない人

の3種類がいます。

いきなりプロにならなくてもいいのです。

スタート当初は、プロの凄さはわかりません。

そこから始まって、まずはプロの凄みがわかる人を目指します。

プロの凄さがわかれば、素直に教わることができます。

半人前の人は、つい「自分はプロとそれほど違わない」と思いがちです。

そうなると、「ホントかね」とか「これはこれでいいんだろうか」と雑念《ざつねん》がわいて、プロの話を素直に聞こうという気持ちがなくなります。

一歩間違うと、教えてくれるプロと張り合おうとしてしまいます。

半人前とプロとの距離は、上から下は測れますが、下から上はわからないのです。

習いごとにチャレンジする人は、「すぐ先生のようになれるだろう」というのが始める動機です。

しばらく習っていると、「これは遠いぞ」とわかってきます。

ここでワンステップ上がったのです。

「教わる」ことの一番大きな意味は、プロの凄さにリスペクトをもてるようになることです。

「教わらない」ことの危険は、プロをなめてかかることです。

仕事をなめてかかり、生きることをなめてかかることです。

「資格を取ったのに食べていけない。すぐに稼げると思っていたのに仕事の依頼が来ない」と言います。

でも、その資格は、たかだか3か月ぐらいで取った資格です。

そんなもので一生食べていけるわけがありません。

「その資格で食べている人がいる」という反論が出ますが、その人は10年も20年もかけて、その道を修業している人です。

食べていくことに対して、なめてはいけないのです。

一流の人の教わり方 03

プロと、張り合おうとしない。

04
一流は、「教わっている」と感じる。二流は、「叱られている」と感じる。

教える側は、厳しく教えた時、教わっている側がどう感じるかを観ています。

明らかに優しく教えているのに、二流は素直に受けとめることができません。

「叱られている」→「嫌われている」→「いじめられている」→「パワハラされている」と、話がどんどん変わっていきます。

「私、いつも叱られているんです」と言う人に、「こうしたらいいよ」とアドバイスすると、「また叱られました」と言ってきます。

教える側は、「怒りっぽい人」という印象にならないように、頑張って優しく教えています。それを「叱られている」ととられたら、教えるほうのモチベーションがなくなるのです。

教える側にも大変なエネルギーが必要です。

「教えたくてしようがない」という人は、二流です。

一流は、自分の修業で一生懸命に頑張っています。

教えることが本業ではなく、「聞かれたから教える」という形です。

「あの人は教えたいから教えている」と解釈するのは、人の好意に対して感謝の気持ちがなさすぎます。

どんなに厳しく叱られても、「いいことを教えていただいた」と思える人が一流なのです。

一流の人の教わり方 04

叱られているのではなく、教わっていると考えよう。

05
一流は、ネットに出ていないことを聞く。二流は、ネットに出ていることを聞く。

ネットで「教えてください」と言えば、なんでも教えてもらえます。

これにはふたつのマイナスがあります。

【マイナス1】**「生身《なまみ》のプロ」と「プロから教わった人」の区別がつかなくなることです。**

生身のプロが教えるのは、ネットでは教えてもらえないことです。

ネットで教える人は、ひろく教えることを主としています。

聞かれたから教えているという人ではないのです。

【マイナス2】ネットで調べたりグーグルで検索すればわかることを、生身の人に聞いてしまうことです。

「授業料を払っているので、先生は教えるべき」「上司は部下に教える義務がある」という感覚の人は、ネットでワンクリックで調べられることを聞いて、プロにしか教われないことを聞くチャンスを逃《のが》します。


私が取材を受ける時は、取材時間30分の中で、できるだけどこにも書いていないことを話したいのです。

その時に、まず、私の生年月日とか出身地から聞く人がいます。

そんなことは、ネットで調べればいくらでも出ています。

これと同じことをしないようにします。

ネットには出ていないことを教わらないと、損なのです。

一流の人の教わり方 05
ネットで調べればわかることを、聞かない。

06 一流は、自分のベストを添削《てんさく》してもらう。二流は、未完成を添削してもらう。

たとえば、企画書をチェックしてもらう時に、上司に「これは、なんでこうなっているの？」と聞かれました。

ここで「これはまだラフなんで」と言いわけする人は、学べなくなります。

自分のベストの状態のものをもっていって、それを添削してもらうことで、納得のいく学びと成長があるのです。

「これはまだ叩《たた》き台なんで」「それは私も直そうと思っていました」と言う人は、成長できなくなるのです。

自分のベストを直されることで、自分では気づかなかったところがわかります。

中途半端なものをもっていって直されても、「それは自分でも気づいていた」という甘い認識になります。

その人は、永遠に間違いに気づかなくなるのです。

一流の人の教わり方 06

自分で納得していないものを、見てもらわない。

07
一流は、真剣勝負で聞く。
二流は、軽い気持ちで聞く。

「企画書を書いたので、『ちょっと』見てもらえますか」と言う人がいます。

二流は、それが失礼な言い方であることに気づいていません。

これは、善意に解釈するならば、「あまりお時間をとらせてはいけないので、短い時間でいいですから見てください」というつもりだったのでしょう。

それと同時に、「どうせ見るのにエネルギーなんていらないでしょう」というニュアンスも生まれます。

教える人は、全力を傾《かたむ》けて教えています。

「ちょっと見る」ということは、できません。

教わる人が「ちょっと」、教える人が「全力」という温度差があるのです。

「ちょっと」では、相手に対するリスペクトがなくなります。

教える人が全力をかけて添削したものを、教わる人は「ふーん」と言って受け取ってしまうのです。

教える側は、たとえ30秒だろうが、1分だろうが、本業の時間をとめて教えるためにエネルギーを割《さ》いています。

それに対してリスペクトをもたないのは失礼です。

「ちょっと」の気分で言っていると解釈されると、本気では教えてもらえなくなります。

結局、損をするのは教わるほうです。

二流は、教える人がここでカチンときていることに気づかないのです。

一流の人の教わり方 07

「ちょっと、見てください」と言わない。

08 一流は、お金を払って聞く。二流は、タダで「教えてください」と言う。

何かを教わるということは、知恵を受け取るということです。
その時には、対価《たいか》が発生します。
習いごとなら、授業料を払います。
情報にも、その価値に応じてお金を払います。
情報をもらったら、それに見合う情報を渡すことが求められます。
ところが教えられる側は、プロに教えるに見合う情報をもっていません。
本来、お金を払わなければならないところです。

教わるのは「タダではない」という意識をもつことが大切です。

上司と部下の関係なら、自分の成長でお返しをする。

仕事で結果を出すとか、出世払いという形で返します。

「どうせ教えるのはタダでしょう」という感覚ではいけないのです。


たとえば、本屋さんには著者が苦労して書いた本が並んでいます。

ここで「この本、『ちょっと』もらって帰ります」と言う人はいません。

モノに対してはそんなことはしないのに、知恵をもつ人間には「ちょっと知恵をください」と言うのはおかしいのです。

その人は一生の財産をつぎ込んで、ある意味、一生を棒に振る覚悟で、その知恵を手に入れているのです。

そのぐらい人生をかけてきたものに対して、二流は、道を聞くように簡単に「ちょっと教えてください」と言ってしまうのです。


一流は、たったひと言の教えでも、そこにたどり着くために莫大《ばくだい》な時間とお金

と労力をかけていることがわかっています。

手相家に「ちょっと手相を見てください。ちょっとでいいですから」と言う人がいます。

その人は、二流です。

手相家がそのひと言を言うために、どれだけのお金をかけてきたか、わからないのです。

一流の人の教わり方 08

教わることに、対価を払おう。

09

一流は、急ぐ。二流は、焦る。

教わって結果を出すために、一流は急いで、二流は焦ります。

「焦る」は、結果が出るまでに時間の短いことをあわててすることです。

「急ぐ」は、結果が出るまでに時間がかかることを優先することです。

結果をほしがる人は、すぐに成果が出ることばかりします。

成果が出るまで10年かかることと、成果が3日で出ることがある時に、いつも3日で成果が出ることばかり選ぶのです。

その人は、いつまでたっても成長がありません。

一生かかっても、なかなか結果にはたどり着けないのです。

教わる時には、時間がかかることから教わります。

私は、姿勢と声の出し方を教えています。

「明日は面接なので、姿勢と声の出し方と服装を直してもらえますか」と言われても、間に合いません。

「姿勢」「声」「服装」は、成果が出るまでに時間がかかります。

その人は、今まで、すぐに結果が出ることばかり教わってきたのです。

一流は、結果が出るまで時間がかかることを早く始めるのです。

一流の人の教わり方 09 **焦らないで、急ごう。**

10
一流は、証拠を求めない。二流は、証拠を求める。

プロに「こうしなさい」と教わった時に、「それをしたら、本当にいい結果につながりますか」と聞く人は、二流です。

「証拠はありますか」「何％の確率で成功しますか」と聞いてしまうのが、二流です。

一流は、そんなことは確認しません。

確認しなくても信じられるプロに教わっているからです。

「この人はプロとして凄い」というリスペクトがあれば、エビデンス（根拠）は必要ありません。

心の中で「この人はどうなのかな」と思っている人は、相手に対する信頼がないので、ついいろいろ確認してしまうのです。

何かをアドバイスした時に「エッ、ホントですか」と返されたら、「じゃ、信じられる人に聞いてください」と言いたくなります。

友達同士のやりとりなら、「ホントに?」は変な相づちではありません。

プロに対して、「ホントですか」「証拠はありますか」と問う人は、教えてもらえなくなるのです。

教える側がガッカリしてしまいます。

「あの人は教えてもらえて、私は教えてもらえない」というのは、「ホントですか」と聞いているからです。

教える側の人には、「あいつに教えても、いつも『ホントですか』と言うからね」と呆《あき》れられています。

あるキャバクラの社長が、そこで働いている女性に「ヒザの上にハンカチを置いては「ダメ」と指導しました。

私は、それを横で見ていました。

言われた女性が、「そうなんですかぁ?」と答えました。

社長は「オレ、社長なんだけどなぁ」という顔をしていました。

今の世の中は、あまりにもフラットな人間関係になりすぎています。

お客様意識が先立つと、お店の経営者に対して、つい「そうなんですか」と返してしまいます。

今は、家でも親子関係が崩れています。

親子が友達関係になっているのです。

学校の先生と生徒も友達関係です。

先生が生徒にあまり厳しく接すると、保護者から怒鳴《どな》り込まれるからです。

叱るとパワハラと言われるので、上司と部下も友達関係です。

上下関係のない、水平の関係だけで育った人たちは、上司が何か教えた時に

「ホントですか」というコメントになるのです。

占い師さんに言われたことに対して「ホントですか」と返すと、「じゃ、よその占い師さんのところに行きなさい」と言われます。

「ホントですか」と言う人は、時間とお金のムダづかいをしているのです。

コロナ時代で大事なことは、自分で考えるということです。

一流の人の教わり方 10
リスペクトできる人から、教わる。

11
一流は、教わったことを実行する。
二流は、ノートにまとめて満足する。

講演で、教わったことをきれいにノートにまとめている人がいます。

そのノートを見せてもらっても、私はうれしいとは思いません。

それよりも、教わったことを、自分の仕事で早速実践してもらう。教える側はそれを喜びとします。

教えた相手が、人生でそれを有効に生かすことを希望しているのです。

教えることとは、ただの知識の移動ではありません。

教えた知識や知恵が、その人の人生にプラスになっていくことが本質です。

教わったことを倉庫にしまっておくだけでは、人生は何も変わりません。

次に会った時に、さらにその先のことを教えてもらえるのは、教わったことを即、実行した人です。

実行しないと、次のアドバイスはできないのです。

たとえば、「読んでおいたほうがいい本を教えてください」と聞かれて、オススメの本を教えました。

次に会った時に、一流の人は「この間の本、読みました。面白かったです」と言います。

この人は、次の本は何がいいか聞きません。

「その著者の本と、そのジャンルの本をまとめて買って、今、読んでいます。面白いです。ありがとうございました」という展開になります。

二流の人は、「ちょっと今バタバタしてまして、まだ読んでいないんですけど、ほかに何か読んだほうがいい本ありますか」と言うのです。

私はMr.マリックさんに、ひとつの手品を教わりました。

手品で最初に教えるのは、タネです。

次にマリックさんに会った時に、「中谷さん、あの手品やってみました?」と聞かれました。

「やったんですけど、バレました。なんでバレたのかな」

「それはこうやってませんか」

「そうやってます」

「ここ、気をつけるところがあるんですよ。こうです」

「あっ、そこだ。それを間違っていた」

というやりとりがありました。

最初にタネを教えて、それを実行して失敗した人に、次はコツを教えます。

タネだけでは成功しません。

「タネ」と「コツ」の2段階があるのです。


実行していない人にコツを教えてもムダです。

タネとコツを同時に教えないのは、実行しないとコツが教えられないからです。

「まだやっていません。何か気をつけることはありますか」と言うのは、意味がありません。

教わったことのモトをとるには、それを実行することが求められるのです。

一流の人の教わり方 11

教わったことを、実行しよう。

12

一流は、対面で教わる。二流は、ネットで教わる。

「ネットでなんでも教えてもらえる」と思っていると、じかに教わることができなくなります。

これが情報化社会の怖いところです。

ナマでしか教えられないことは、世の中にたくさんあるのです。

情報化社会のメリットは、「対面しなくても教われること」と「対面しなければ教われないこと」の2通りにくっきり分かれたことです。

すべてが対面で教えられるわけでも、すべてがネットで教えられるわけでもありません。
両者に分かれるのです。
頭で理解することは、ネットで可能です。
体で理解することは、ナマでないとムリです。
「品」とか「熱」は見えないものです。
これはナマでないと伝わりません。
恩師や上司の教えで今でも私に残っているのは、コンテンツではなく、熱です。
一種の聖火リレーのようなことが行われているのです。
聖火リレーは、ネットではできません。
じかに教わることを「直当《じか》たり」と言います。
ボイストレーニングもボールルームダンスも、どちらも身体的なことなので、
直当たりで教わります。

私は高校時代、空手部でした。

「私は空手を通信教育で習いまして、二段です」と言う人は、むしろ弱そうです。
黙っているほうがマシなぐらいです。
情報化社会では、そういう人が増えています。
情報は、これから、よりバーチャルになっていきます。
バーチャルは、どこまで行ってもリアルではありません。
バーチャルが進めば進むほど、それをリアルと勘違いするリスクが出てきます。
松岡修造さんから学ぶことは、あの「熱」なのです。

一流の人の教わり方 12 直当《じか》たりしよう。

13 一流は、他の人が叱られていることを自分のこととして聞く。二流は、自分が叱られているのに、スルーする。

たとえば、会社で同僚が上司に叱られていました。

その時に、二流は「自分でなくてセーフ」と思います。

上司のカミナリが自分以外のところに落ちてくれて、ほっとするのです。

「あいつが人身御供《ひとみごくう》になってくれたおかげで、オレは叱られないですむ」

「あいつもあいつだ。オレはちゃんとできているけど、あいつはひどい」

と考えています。

ただ小さくうずくまって、嵐が通りすぎるのを待っているのです。

一流は、自分以外の人間が怒られている時に、「自分も同じことをしている。

これはいいことを教わった」と考えて、参考にします。

「上司は私に向かって言っているぞ。直接言うのではなく、私に教えるために、他の人間に向かって間接的に話してくれているんだな。ありがたい」と、自分の学びにすることができるのです。

ダンスの世界では、たとえば6人のグループレッスンで「あの人に教えている時間のほうが長いんですけど。あの人は若くてきれいだからですか」というクレームがあります。

「1時間のレッスンで、あの人には15分教えた。私は7分しか教わっていない」

「そんなことないですよ」

「いや、そんなことあります。今、計りました」

と言うのです。

「計る時間があるなら、その時間に練習すればいいのに」と残念に思います。

他の人が教わっていることを自分のこととして聞く人と、自分は休めの姿勢になっている人との2通りに分かれます。

個人レッスンの場合は、自分の前後の生徒が言われていることを聞く人と聞かない人とがいます。

自分が怒られているのに「誰の話？」とスルーしている人もいれば、その話を隣で聞いて吸収している人もいるのです。

自分の上司ではない人が、自分と関係ない部下に怒っている時に、それを自分のこととして聞ける人は、あらゆる人を師匠にします。

あらゆることを自分に対する教えと感じられます。

上司からは学びますが、仲間からは学ばないということではありません。

仲間、同僚、時には部下からも学べる人が、成長していける人なのです。

一流の人の教わり方 13

全部、自分のこととして聞こう。

14
一流は、好き嫌いで選ばずに、丸ごと吸収する。二流は、好きなことだけ聞く。

教える側からすると、教わる人がどの言葉をノートにとっているかは一目瞭然《いちもくりようぜん》です。

手が動くところと動かないところとがあるのです。

二流は、自分と意見が違うところはノートに書きません。

自分と同意見の好きなところだけノートをとります。

それでは新しいものは何も入りません。

一流は、自分の意見や好みに合う合わないは関係なしに、とりあえず丸ごとすべてメモします。

その中から何をピックアップするかは、あとで決めます。
そうすれば、新しいものが増えていくのです。
自分の意見に合うところだけノートをとる人は、人から教わったとは言えません。
ただ自分の意見が肯定され、自分をほめてもらいに来ているだけです。
アドバイスのひとつの形が占いです。
占いで納得したことだけメモして帰るのは、損です。
それではプロのアドバイスが入らなくなってしまうのです。

一流の人の教わり方 14 **その時納得できないことも、メモしよう。**

15 一流は、自分の中に物語を増やす。二流は、コツを教わろうとする。

二流は、コツと裏技を教えてもらいたがります。
裏技は、苦労しないで簡単にラクにできる方法です。
こういう人は詐欺《さぎ》にかかります。
「こうすれば、1年で10億稼げる」という話に、コロッとひっかかるのです。

一流は、物語を教わります。
プロは「こうしろ」とか「これが正しい」とは言わないで、「自分は、こういうやり方をしている」と言います。

教科書とは正反対のやり方もあります。

それを教わることで、教科書に書いていないことを学べるのです。

教科書は、どんな業界にもあります。

教科書とは逆のことをするのは、自分の独断と偏見であり、極論です。

多くの極論を知ることが、「教わる」ということです。

正論をいくら教わっても、幅が狭いのです。

それは最初からわかっていることだからです。


物語では、「弱点」をもった人間が、「不利」な環境の中で、「むずかしい」課題を与えられます。

3段階で、きついのです。

その中で試行錯誤《しこうさくご》と工夫・努力を重ねることで、困難を乗り越えて、何かをつかんでいきます。

これが「物語」です。

コツを教わる人は、ラクにできる方法を探しています。
もっとラクに、もっとラクにと追い続けて、物語はひとつだけになります。
自分の武器は、それ以上増えません。
教わることは、自分の中に新しい物語を増やしていくことです。
一流のプロは、物語をたくさんもっています。
勉強と体験を組み合わせたものが、物語です。
体験しか語れない、勉強しか語れないようでは、物語にならないのです。

一流の人の教わり方 15
コツではなく、物語で学ぼう。

16 一流は、礼儀正しく、ずうずうしい。二流は、まじめな顔で、気が散っている。

私が行った研修で、ニコリとも笑わない人がいました。
だからといって、集中しているわけではありません。
二流は、緊張しながら気が散っているのです。
一流は、笑ってリラックスしていても、大切な話にはピシッと集中できます。
これが二流と一流との差です。

教わるためには礼儀正しさが必要です。
ただし、礼儀正しくして距離をとっていると、教わることはできません。

かといって、ずうずうしいだけでは、ただの横柄《おうへい》な人になります。
教わるためには、「礼儀正しく、ずうずうしく」することです。
礼儀正しさだけを重んじていると、相手に踏み込んでいく積極性がなくなります。
ただ相手から離れることが、礼儀正しいことだと勘違いしているのです。
一方で、ずうずうしいだけの人はマナーの悪い人になります。
日本では、笑っていると「一生懸命になっていない」という解釈をしがちです。
外国では、笑っていても「真剣で集中している」と認めてもらえます。
一流は、笑いながら集中する時間をもっています。
「笑わないこと」イコール「集中している」ということではないのです。

一流の人の教わり方 16

真剣に、リラックスしよう。

17 一流は、学ぶことで孤独になる。二流は、仲間を増やすために、レベルを下げる。

学習してレベルが上がっていくと、まわりが「つまらない人」に見えます。
まわりと話が合わなくなるのです。
これは必ず起こることです。
自分が勉強することで、その集団から抜け出して上にあがります。
話が合わないのは当たり前です。
まわりからは、「おまえ、最近ヘンだ」と言われます。
同じ集団にいたら、くだらない話でも平気です。
それを抜け出したら、ある日突然、まわりの会話がくだらなくなります。

飲み屋でグチ・ウワサ話・悪口をグダグダ言うことが、つまらなく感じ始めるのです。
ここで、その人は一段上にあがります。
それまでの集団を抜け出して、成長し始めたのです。
仲間からは浮きますが、浮かなければ成長はできません。

仲間を増やしたければ、単純に自分のレベルを下げればいいのです。
二流は、仲間を増やすために、自分のレベルをひたすら下げていきます。
下のほうが人数が多いので、下げれば下げるほど仲間は増えるのです。
これがネット社会です。

一方で、学習社会は、勉強し、成長して、より上の段階に入っていきます。
まわりの人が何を言っているか、むずかしすぎて、まったく理解できないところへみずから入っていくのが、成長です。

勉強し、成長すると、孤独になります。
話が通じる人間がいなくなるからです。
その孤独を唯一《ゆいいつ》救ってくれるのが、プロです。
上の集団に引っ張り上げてくれる存在が、プロなのです。

一流の人の教わり方 17
プロとつながることで、不安をなくそう。

18 一流は、上だけを見る。二流は、下をキョロキョロする。

芥川龍之介の『蜘蛛《くも》の糸』は、利己主義を否定する話ではなく、学習の話です。

悪いことばかりして地獄に落ちたカンダタが、生きている間にクモを助けたことで、お釈迦様からクモの糸を垂《た》らしてもらいます。

カンダタが糸を昇っていくと、ほかの罪人たちが下からゾロゾロついてきます。

カンダタが「糸が切れるといけないから、おまえたちは来るな」と言ったとたん、糸が切れてしまうのです。

『蜘蛛の糸』は、向上心の話です。

お釈迦様を見て昇っていれば、糸が切れることはありませんでした。
そもそも人間がつかまって切れないのだから、相当強い糸です。
切れたのは、下の仲間のことを見たからです。
上にいる師匠を信じてつかまっていれば、昇ることができたのです。
下を見て「みんな昇ってこい」と言ったとしても、やっぱり糸は切れたでしょう。

下をキョロキョロして、目が離れているからです。

学校で伸びていくタイプは、学校へ上がる前に好きな趣味の世界があった子供です。
または、親に何かを教わっていた子供です。
私は学校へ上がる前に、父親から好きな絵を習いました。
母親からは生活体験を習いました。
趣味の世界は、1対1の世界です。

師匠や先輩から1対1で何かを教わるのです。

学校は一種のグループレッスンです。

集団学習から勉強を始めた子は、先生と1対1の関係をつくることができません。

まわりをキョロキョロして、「友達のほうがうまくできた」「あいつには勝った」「あいつには負けた」と言うのです。

趣味の世界で師匠と1対1の勉強を始めた人は、習いごとの基本ができています。

私の時代は45人クラスでしたが、私の中では毎日、先生との1対1の授業でした。

これは会社に入ってからも同じです。

ネット社会は多対多の関係なので、わけがわからなくなります。

すべての「教える・教わる」の関係は、1対多ではなく、常に1対1です。

だからこそ、優しくもあり、厳しくもあるのです。

一流の人の教わり方 18

上のプロだけを見て進もう。

19

一流は、通りすがりの人の何気ないひと言からも学ぶ。二流は、テストに出るところだけを教わる。

何かを教わる時に、二流は、「それはテストに出ますか」と聞きます。

「それは受験の役に立ちますか」

「それは昇進の役に立ちますか」

「それをすると出世できますか」

「それをすると好かれますか」

という質問をします。

何かをして効果効能があることだけを聞くのです。

それは、勉強をより効率化したいからです。

「それをしたらテストに出ますか」というのは、裏を返すと、「テストに出ないならやりません」ということです。

一流にとっては、テストに出るとか出ないとかは、いっさい関係ないのです。

人間は、たったひと言の言葉でも人生が変わります。

そのひと言は、「これから大切なことを言うぞ」という時の言葉ではありません。

「ここはテストに出るぞ」という形でもありません。

通りすがりの人が何気なしにボソッと口にしたひと言で、人生が変わります。

それをキャッチできた人間が、次のステップに上がっていけるのです。

科学の偉大な発明も、ウンウンうなって編《あ》み出したことより、まったく関係ない人間の何気ないひと言から画期的なアイデアが生まれています。

それが神様のアドバイスです。

大切そうな言葉よりも、まったく大切そうでない言葉を覚えておくほうがいい

のです。

たとえば、映画の主人公が大切なセリフを言うのは、ヘタな台本です。

そんな名作はありません。

映画『踊る大捜査線』の肝《きも》になるセリフも、脇役のいかりや長介さんが言っています。

主人公の織田裕二がどんなにいいセリフを言っても、見ている側はシラけてしまいます。

監督が一番伝えたかったメッセージを脇役の人にポツリと言わせる映画が、名作になるのです。

推理小説と同じで、伏線《ふくせん》が伏線とバレるようでは、もはや伏線ではありません。

一流は、何気ないひと言から学ぶことができるのです。

一流の人の教わり方 19 **何気ないひと言から学ぼう。**

20 一流は、質問してから説明する。二流は、説明してから質問する。

質問の仕方で一流と二流とが分かれます。

二流の部下の質問は、上司が疲れます。

どこからが質問かわからないからです。

質問の前に、まず、説明が始まります。

「どこから説明していいか、話が長くなりますが、かいつまんで言いますと」と言うのです。

「かいつまんで言いますと……」の言葉が出ると、たいてい長くなります。

上司は、どこが肝なのか、何を聞きたいのか、何を言えばいいのかと、集中して聞いています。

質問者の説明が長いと、アドバイスをする側の集中力が途切《とぎ》れてしまうのです。

「要するに質問はなんですか」と聞くと、「失礼しました。質問はですね」と言って、また説明が始まります。

「質問をひと言で紙に書いてください」と言っても、書けないのです。


理由は、たったひとつです。

質問から逃げているのです。

質問を明確に絞ると、自分がその答えに立ち向かわざるをえなくなります。

質問に来ているのに、質問から逃げているという、おかしな状況になるのです。

この人は解決策を求めていません。

「ご相談があるのですが」と言いながら、答えは求めていないのです。

「私のかわいそうな状況をわかってほしい。私が悪いのではない」という言いわけに来ているだけです。

一流は、質問がズバッと来ます。

なんのためもありません。

3秒で言い切ります。

上司も、まったく説明がなくてもわかります。

説明が必要な場合は、上司から「これはどういう状況なの？」と質問が入ります。

質問されたら説明を補足すればいいのです。

求められていない説明を最初にグダグダと並べなくていいのです。

最初に説明が入るタイプの人は、上司から「こういうことでいいのですか」という整理が入ると、「いや、ちょっと違います。質問というのは、こういうことで……」と、また長々と説明します。

「わかりました。質問はこういうことなんだね」と言うと、また「違います」と言うのです。

相手の質問を整理するたびに、質問自体が変わっていきます。
逃げまわっているのです。
二流は、質問に来たのではなく、ただかまってほしいだけなのです。

一流の人の教わり方 20 質問の前に、説明しない。

21
一流は、「次につながるいいこと」を見つける。二流は、「ダメだったところ」を反省する。

思いどおりの結果が出なかった時、契約がとれなかった時に、二流は「次回からこうします。以後、こういうことがないように気をつけます」と、反省します。反省することによって、「自分はこんなに頑張った」というアピールをするのです。

これは、まじめで優等生のタイプに多いのです。

まじめで優等生だから一流かというと、そんなことはありません。

一流は、プレゼンでボツになっても、

「得意先の中で、1人だけすごく乗り気の人がいた」

とチャンスに気づきます。

「得意先の5人の中で味方になってくれそうな人が今までゼロだったのに、1人出てきた」

「今日は負けたけど、確実に覚えてもらえた」

「次のプレゼンのシード権を得た」

と、次への期待につなげることができます。

次につながるいいことをひとつ見つけると、前へ進んでいけるのです。

ダメだったところを反省すると、なんとなく前に進んでいるような気がします。

実際は、延々《えんえん》と反省することによって、許してもらおうとしているだけです。

二流は反省文がうまいのです。

失敗するたびに、反省文だけがうまくなっていきます。

反省文がうまい人は成長しません。

それは「反省」というフリの言いわけです。

上司が求めているのは、反省ではなく、成長です。
反省が「反省するから許してね」という免罪符《めんざいふ》になってしまっているのです。

一流の人の教わり方 21
次につながるいいことをひとつ見つけよう。

22

一流は、制約を守る。二流は、制約を無視する。

企画を考える時でも、何かを教わる時でも、世の中のすべてのことには制約があります。

中谷塾の名古屋校では、俳句を教えています。

私も高校時代、短歌部だったので、五七五七七の世界にいました。

俳句には、約束ごとが3つあります。

①五七五であること
②季語が入っていること
③「や・かな・けり」の切れ字が入っていること

という３つです。

逆に言えば、約束ごとは、この３つだけです。

俳句は、３つの約束ごとの中で無限の世界を表現できるのです。

生徒は、別に俳句で食べていこうとしているわけではありません。

郵便局員、プログラマー、テールランプの設計者、小学校教師・講師など、いろいろな仕事に就《つ》いています。

どんな仕事にも、俳句と同じように制約があります。

プロは、制約の中で、のびのびと自由を獲得します。

アマチュアは、なかなか制約を守れません。

仕事においては、予算・納期・禁止事項の制約があります。

人に教わる時に、その制約を守れるか守れないかで、大きく分かれるのです。

たとえテーマに沿っていても、五七五の文字数を無視したら、その時点でアウトです。

仕事で、前提条件を無視した企画を出されても、直しようがありません。
採点の基準に入らないのと同じです。

約束ごとを守って、初めて添削できるのです。

「自分はもっとのびのびと自由にやりたいので、五七五にはこだわりません」と言う人がいます。

実際、「自由律《じゆうりつ》俳句」というものもあります。

ワク組みをはずすのは、プロ中のプロの世界です。

自由律俳句でいいなら、そもそも俳句の練習をする意味がありません。

プロ中のプロのしていることを、アマチュアの自分がマネしてはいけないのです。

一流の人の教わり方 22 **制約から、創造性を生み出そう。**

23
一流は、恥をかきながら学ぶ。二流は、恥から逃げようとする。

二流は、恥をかくことを恐れます。

失敗したくないのです。

失敗しても、「なぜ失敗したか」「次に失敗しないようにどうしたらいいか」「失敗しても大丈夫」ということを伝えるのが、「教える」ということです。

たとえば、ボイストレーニングで「声を出してごらん」と言われて、ひっくり返ったような声が出た人はＯＫです。

今、先生がしようとしていることがわかっているからです。

先生にも「そうそう、そんな感じ。それを続けていけば、ひっくり返らずにもっといい声が出せるようになるよ」と教えられます。

二流の人は、恥をかきたくないので声を出しません。

先生に「なんでやらないの？」と言われても、「大体わかりましたから、家に帰ってやってみます」と言うのです。

先生の前で声を出すことで、直してもらえるのです。


ヘタなところを見られたら恥ずかしいというのは、プロへのリスペクトがありません。

恥ずかしいと思うのは、張り合っているからです。

プロと自分の力量差を考えたら、張り合うことなどおこがましいのです。

同等レベルならまだしも、天地ほどの開きのある人が何を恥ずかしがっているのか、ということです。

二流は、自分の低さとプロの高さに気づいていないのです。

一流は、恥をかきながら学んでいけます。

ダンスの世界では、思いきり動いて転《ころ》んだら、先生から「それでいい」と言われます。
二流は、みっともないから転べません。
それでは、新しい動きを身につけることができないのです。

一流の人の教わり方 23 恥をかきながら、学ぼう。

24 一流は、自分が恥ずかしいことをしていると気づく。二流は、自分の恥ずかしいところに気づかない。

二流は、「恥ずかしいことをしたくない」と言いながら、すでに恥ずかしいことをしています。

しかも、そのことに気づいていません。

マナーで、親や小学校の先生なら「あなた、恥ずかしいことをしていますよ」と注意してくれます。

社会に出たら、恥ずかしいことをしていても、誰も何も言ってくれないのです。

冷たいのではありません。

それが大人の社会です。

そのかわり「こいつ、使えないな」と、切り捨てられます。

その人に頼まなくても、ほかの誰かを指名すればいいだけのことです。


「恥ずかしいことをしている」と気づくことが、教わることのスタートです。

それに気づいた人間は、自然と教われるようになります。

「自分は恥ずかしいことをしている。でも、正解がわからない。どうしたらいいんですか」ということをプロに聞けるのです。

「大丈夫です」「自分でなんとかします」と言うのは、自分はそれほど恥ずかしいことをしていないと思っているからです。

「恥ずかしい」と感じることが成長です。


ダンスの要素は、「立つ」「座る」「歩く」の3つです。

「そのぐらいできます」と言う人は、自分がいかにみっともない立ち方、座り方、歩き方をしているか、気づいていないのです。

だから、平気でいられます。

修業をするのは、自分のみっともなさが恥ずかしくて耐えられないからです。

自分を鏡で見ることができる人は練習します。

モチベーションのスタートは、恥ずかしさです。

「このままで自分は終わりたくない」ということです。

「恥ずかしい」とか「ヤバイ」という感情をもたない人間に、教えることはできません。

教える側としては、「それがいかに恥ずかしいことか、早く気づいてくれれば教えられるのに」と、じれったい気持ちになっているのです。

一流の人の教わり方 24 **自分が恥ずかしいことをしていることに気づこう。**

25 一流は、他の業種から教わる。二流は、他の業種は関係ないと聞かない。

一流は、他の業種からも学ぶことができます。
二流は、同じ業種、同じ仕事からしか学ぼうとしません。

仕事には、いろいろな業種があります。

同じ業種の中でも、担当部署はいろいろあります。

同じ業種、同じ部署からしか学べないのでは、学べるチャンスは小さくなります。

その人が飛躍的に進化する知恵は、別の業種にあります。

別の業種で当たり前にしていることが、アイデアとして自分の業種に活《い》かせるのです。

私は、いろいろな業界の研修会に行きます。

伸びている企業は、「他の業界の成功例と失敗例を教えてください」と言います。

伸びていない企業は、「よその業界の例は参考にならないので、この業界の例だけでお願いします」と言います。

ここで大きく分かれます。

会社の研修でも、個人の研修でも、まったく同じです。

よその業界の例を挙げた時に、自分の業界とは違うからとポカンとしている人と一生懸命聞いている人とに分かれるのです。

一流の人の教わり方 25 **他の業種から学ぼう。**

26

一流は、「成功が継続している人」から教わる。二流は、「一瞬成功した人」から教わる。

その業界でプロとして30年コツコツ続けている人は派手さがないので、目立ちません。

一瞬成功して急激に売り上げを伸ばした人は、派手で目立ちます。

ただし、「去年10億円稼いだ」と言っても、その1年だけのことです。

そのあと、どうなるかはわかりません。

そういう人に教わりに行くのは、教わり方が間違っています。

二流は、30年コツコツ稼ぎ続けている人ではなく、1年で10億稼いだ人に教わりに行ってしまうのです。

本の選び方も、師匠の選び方も、まったく同じことが言えます。
長く生き延びている人がもっているノウハウは、半端《はんぱ》ではありません。
短期間で成功する人よりも、はるかにノウハウは多くなります。

1年で10億稼ぐ方法は、1年で倒産する方法でもあります。
その人が30年続く保証は何もありません。
あとになって、そのことに気づきます。
長く続いている人のノウハウを学ぶことが大切なのです。

一流の人の教わり方 26 **成功が継続している人から学ぼう。**

27

一流は、師匠として、どうするか学ぶ。
二流は、弟子として、師匠になるために学ぶ。

自衛隊の幕僚長《ばくりようちよう》に「中谷さんの仕事は、いろんなことをされている中で、ひと言で言うとなんですか」と聞かれました。

私は「リーダーを育てる仕事です」と答えました。

私はリーダーを育てる仕事をしています。

消防大学校では、まもなく全国1700の消防署で署長になる消防司令を教えています。

ビジネススクールでは、世界で活躍するアントレプレナーを教えています。

「堺・教師ゆめ塾」では、先生になる人を教えています。

中谷塾では、いろいろな業界でリーダーになる人を教えています。
著書の中でも、常にリーダーになる人たちを教えています。
その中で、私は「勉強してリーダーになれ」と言ったことは一度もありません。
教えている人は、すでにみんなリーダーです。
私は、リーダーとして成長していく方法を教えています。
下っぱが勉強してリーダーになる方法は教えていないのです。

リーダーは覚悟の問題です。
両者の意識は、まったく違います。
お釈迦様は、弟子を育てる時に「悟《さと》った側にいるつもりで学びなさい」と教えました。
修行して悟るのではありません。
悟る人間は、どんな修行をしているかということです。
悟った状態から修行するのです。

「修行も悟りの一部である」という教えと同じです。
自分がプロの覚悟で教わることが大切なのです。

一流の人の教わり方 27

リーダーの覚悟で、教わろう。

28 一流は、教わっても試行錯誤する。二流は、試行錯誤を削除する。

教わることは、試行錯誤の短縮です。

大切なのは、「短縮」と「削除」とを区別することです。

短縮は、「10」かかることを「5」でできるようにすることです。

二流は、試行錯誤を削除しようとします。

一流は、試行錯誤を短縮しようとします。

試行錯誤は、できるだけ減らしたほうがいいのです。

上司が教えるのは、自分が10年かかったことを部下が5年でできるようにするためです。

これをするのが上司の義務です。
そうすれば会社にどんどんノウハウがたまって、余った時間でさらに成長できるのです。

試行錯誤ゼロの人間は失敗をしないので、失敗体験が手に入りません。
成長する人間は、教わったことを試して、うまくいかないことを体験します。
それを微調整して、軌道修正して、次にまた教わって試します。
これの繰り返しで、ジグザグに成長していきます。

二流の成長イメージは、直線です。
一流の成長イメージは、ジグザグです。
ジグザグで学ぶ人が、成長するのです。

一流の人の教わり方 28

ジグザグに成長しよう。

29
一流は、プロセスを宣言する。
二流は、ゴールを宣言する。

教わる時には、声に出して宣言することが大切です。

心の中で念じているだけでは「宣言」とは言いません。

一流と二流とでは、宣言する言葉も違います。


二流はゴールを宣言します。

「何がなんでもこの試合に勝つ」

「このプレゼンに勝つ」

「売り上げをいくら上げる」

というのは、ゴールの宣言です。

一流はプロセスを宣言します。

プレゼンでいえば、

「途中で得意先の質問を引き出す」

「得意先が悩んでいることを聞き出す」

「得意先の雑談にどこまでもつきあう」

と宣言するのです。

こうしたプロセスを宣言する人が、結果、成長していきます。

ゴールは自分では操作できません。

プロセスは自分で操作できます。


ゴルフのパットで、一流は「同じリズムで」というプロセスを宣言します。

二流は「入れ」というゴールを宣言します。

操作できるプロセスを宣言することによって、モチベーションが上がります。

操作できないゴールを操作しようとすると、モチベーションが下がるのです。

一流の人の教わり方 29 **プロセスを宣言しよう。**

30 一流は、体験する。二流は、体験しない。

一流と二流とでは、体験量に圧倒的な差があります。

体験には、「自然体験」「遊び体験」「社会体験」「芸術体験」の4つがあります。

学習は、「勉強」プラス「体験」です。

勉強だけでは学習になりません。

情報化社会は、どちらかというと、体験よりも勉強に偏《かたよ》ります。

たとえば、「僕は東大を出ているのに、なんで彼女がいないんだ」と言うのは、その発言自体が彼女がいない原因です。

彼は東大に入る勉強をするために、女性とデートをする時間をとっていませんでした。

女性とのデートでしくじる体験も、当然、ゼロです。

モテないのは当たり前です。

モテている男性は、小学校・中学校・高校を通して、女性とのデートに時間を費《つい》やして、そこで多くの失敗を積み重ねてきています。

みんなが遊んでいる時に勉強していた東大生は、たしかに偉いです。

一方で、モテている人は「こうしたら女性にフラれる」ということを、ちゃんと体験学習してきたのです。

情報化社会は、体験を省略しようと思えばいくらでもできる社会です。

疑似《ぎじ》体験でごまかせてしまうのです。

ただし、疑似体験は、どこまで行っても体験ではありません。

バーチャルリアリティーの技術が進んでいけば、きわめてリアルな疑似体験ができるようになります。
それは結局、高性能のカラープリンターでつくったレプリカと同じです。
ホンモノは、訴えかけてくる何かがあります。
たとえば、美術館でホンモノを見ないで説明書きを読んでいる人がたくさんいます。
説明書きに人がたかって、ホンモノの前に人がいないのです。
説明書き1分、ホンモノ5秒です。
そういう人は、帰りにパンフレットとカタログを買って満足します。
ホンモノを見ることが、一番の体験学習なのです。

一流の人の教わり方 30
自然・遊び・社会・芸術体験をしよう。

31

一流は、一流から教わる。二流は、最初は二流から教わる。

初心者の間は、基本を教わる大切な時期です。

そこで二流を教わると、二流の土台ができ上がります。

二流の土台に一流は載《の》らないのです。

頑張って二流をきわめたからといって、一流にはなれません。

むしろ反対の方向に行きます。

ダンスの世界でも、一流と二流は方向がまるで逆です。

一流はバランス、二流はパワーです。

バランスで行くか、パワーで行くかで、方向が分かれるのです。

一流のプロに習った人か、二流に習った人かは、組んだ瞬間にわかります。

ゴルフでも、二流から一流にステップアップするには、二流で習ったことをすべて捨てる必要があります。

それには時間がかかります。

「二流で頑張って上に行けば、一流の下に入れる」という思い込みは、二流と一流のとらえ方を間違っています。

「一流に教わると高くつく」と言いますが、予算的には同じです。

たとえば、最初に二流に1年習うと、それを捨てるのに1年かかります。

それを捨てさせるのが一流のプロの仕事です。

二流のフォームを捨てるために時間とお金がかかります。

初心者のうちから一流に教わることが、結局は近道なのです。

一流の人の教わり方 31
最初から、一流に教わろう。

32 一流は、買い物を通して教わる。二流は、買い物だけする。

教わることは、上司と部下、先生と生徒という関係だけではありません。日常生活の中でもたくさんあります。

たとえば、ワイシャツをオーダーメイドしようとすると、「これはどうしますか」「あれはどうしますか」というオーダーだけで最低1時間かかります。

そこで、「今まで考えたことがなかったけれども、何が正解で、どう違うんですか」と、わからないことを聞きます。

買い物とは、単にモノをもらうことではなく、買い物を通して何かを教わるということなのです。

1枚のシャツをオーダーでつくったり、ひとつのカバンを買うにしても、すべてお店の人とやりとりをして、教えてもらうことがあります。

ここでモトをとっていくことが大切です。

ただモノを買いに行くというより、モノを買うことを通して何かを教わろうとするのです。

そう思えば、払っているお金はシャツ代ではなくて、勉強代と考えられます。

学ぼうとすると、「いくらですか」「もう少しまけてください」というお店とのやりとりはなくなります。

「これはなんで、こうしているんですか」「これをメンテナンスするにはどうしたらいいですか」と、売り場がすべて勉強の場に変わります。

お店の人は、モノだけではなくて、そこに備わる美学も売っているので、

「これはこういうふうにして使ってください」

「こうするとオシャレです」

「こんな使い方もあります」

「メンテナンスはこうしてください」

と、歴史的な背景も含めて全部語ってくれます。

お店の人がせっかく美学を教えてくれているのに、それを聞かないのはもったいないのです。

一流の人の教わり方 32 **買い物を通して、教わろう。**

33 一流は、根っこである基本を教わる。二流は、枝葉のテクニックを教わる。

習い方には、
①土台から習う
②テクニックから習う
の2通りがあります。
根っこが土台、枝葉がテクニックです。
二流は、枝葉から聞いていきます。
「カッコよくなるためには何を着たらいいですか」というのは、買い物ですむ話です。

一流は、「どういう姿勢にすればいいですか」と聞きます。

これが根っこです。

基礎と基本とは違います。

「基礎」は「土台」で、横に広がるものです。

「基本」は「柱」です。

「テクニック」は「壁」です。

土台も柱もないのに壁だけつくっても、中身はペラペラです。

それは、まわりから見るとすぐバレます。

プロが見ると、基礎・基本を教わっている人は一発でわかります。

「この人がこれからこの職業で食べていける人かどうか」は、基礎・基本を教わっているかどうかで見抜きます。

壁は関係ありません。

自己流でしている人は、基礎・基本がないのです。

独学が悪いのではありません。

独学でも基礎・基本をどこまで学んでいるかが大切なのです。

たとえば、英語は文法が基本です。

ところが、「いや、話せればいいんですよ」と言う人は、会話は成立していても、「この人は文法がめちゃくちゃだな」「ブロークンイングリッシュで話しながら覚えちゃった人だな」というのが相手にバレて、きちんとしたところへは連れていってもらえません。

ブロークンイングリッシュでは失礼になるからです。

TOEICの点数の伸びもとまります。

TOEICの点数は、文法力ではっきり差がつきます。

どんなに会話やヒアリングができても、文法の点数がとれないのです。

企業は730点をひとつのラインにしていますが、文法を勉強していない人は、その壁を越えられません。

800点、900点それぞれの壁も、文法を勉強していないと越えられないのです。

資格試験のある英語は、点数がつくのでわかりやすいです。

仕事や、ほかのすべてのことに関しても、基礎・基本を勉強しているかどうかで、その人が将来、伸びていくかどうかが圧倒的に分かれます。

土台がないところには、テクニックは載せられません。

ところが、焦っている人は壁から築くので、どこかで倒れて、それ以上伸びなくなります。

土台がない壁でも、そこそこまではいくのです。

これが逆に罪つくりなところです。

そのために、「このまま、どんどんいくんじゃないか」と勘違いする人がいるのです。

たとえ、基礎・基本を勉強している人より先に高いレベルになっても、すぐに追い越されます。

二流は、何が基礎で、何が基本かがわかりません。

自分が枝葉であるということも気づきません。

これが基礎・基本を勉強していないことの怖さです。


たとえば、ダンスは、モダンとラテンで10種の競技に分かれています。

ダンスを習いに来て、「先生、早く10種類のステップを教えてください」と言う人がいます。

そんなに焦らなくても、基礎と基本ができていれば、ステップは10分あれば教えられます。

英語で最初に文法を習うのも、そのほうが上達が早いからです。

ところが、文法から教える英会話スクールは地味で人気がありません。

「うちは会話中心でいきます。文法とかウジウジやりません」という英会話スクールのほうが生徒が集まります。

会話中心のスクールに行ってしまうと、文法的に正しい英語を話せるようになるためには、よけいに時間がかかります。

基礎と基本に時間をかけたほうが、最終的に伸びるのが早いのです。

一流の人の教わり方 33

一見、楽なほうを選ばない。

34

一流は、「知っているつもりだったこと」を教わる。二流は、「知らないこと」を教わる。

二流は、「知らないことを教えてください」と言います。

一流は、知っているつもりだったことを教わります。

一番危ないのは、知っているつもりで間違ったことをしていることです。

知っているつもりで知らなかったということです。

「自分は知っているつもりだった」と気づくことが、教わることの第一歩です。

二流は、「知っていることは知っていて、知らないことは知らない」という感覚です。

知らないことに気づかないゾーンというのもあります。

それは「知らない」と同じです。

知らないと思っていることは、ムチャをしないので大丈夫です。

問題なのは、「これは知っているから大丈夫」というのが、間違っていたり、知っているつもりだったりというところです。

知っていることでもなく、知らないことでもなく、その間の「知っているつもり」というところが、事故が一番起こりやすいのです。

事故を未然に防ぐためにも、「なんだ、これ、本当は自分は知らなかったんだ」と、知っているつもりだったことに早く気づく必要があるのです。

一流の人の教わり方 34 **知っているつもりで知らなかったことに気づこう。**

35 一流は、時間をかけて教わる。二流は、時間をかけずに教わる。

二流は、時間をかけずに教わろうとします。

ダンスを習いに来る人で多いのは、「何回通《かよ》ったら、できるようになりますか」と聞く人です。

こういう人は続きません。

「30分でできるようになりますよ」と言われると、「エッ、そんなに簡単にできるんだ」と喜びます。

30分でステップを覚えられても、50年続けた人が「まだ完璧にできない」と言います。

一流の人は、教わり方が違う。

これがプロの世界です。


ネット社会では、通販が圧倒的に一人一人の時間感覚を変えてしまいました。

今は、注文した品物が1時間後に届く時代です。

それが当たり前になると、翌日に着くというだけで「エッ、遅い」と思うわけです。

昔は、家電量販店で買ったモノが「明日届く」と言われると、速いと感じていました。

今は「明日」と言われると、「エッ、ネットで頼むと1時間後に届くのに」と、遅く感じるのです。

学びの場に関しても、通販と同じことが起こっています。

多くの人が、手早く身につけたいと考えているのです。

ただし、手早く身につけたことは、すぐに役に立たなくなるという原則があります。

10年かけて身につけたものは10年使えますが、3日で手に入れたものは3日で使えなくなるのです。

これが「教わる」ということです。

焦らずに、時間をかけて教わればいいのです。

時間をかけることとの最短のユニットは10年です。

10年継続しているものが、「続けている」と言うに値《あたい》します。

「私、1週間続けているんですよ」と言うのは、教わっているとは言えません。

毎週会うたびに「最近、私○○に凝《こ》っているんですけど、聞いてください」と言う人がいます。

「前にしていたものはどうなったの?」と聞くと、「いやいや、あれよりこっちが面白いんですよ」と言います。

今週始めたばかりの人から、そのものの本質の話を聞いても役に立ちません。

ビギナーは、すぐにはそのものの本質に至らないからです。

ところが、10年、20年続けている人のひと言は本質に迫《せま》っているので、参考になります。

今週始めた人の「ちょっと聞いてくださいよ。教えてあげましょう」という話は、まったく参考にならないのです。

一流の人の教わり方 35

長期戦で、教わろう。

36
一流は、「なんのために？」とプロに聞かない。
二流は、する前に「なんのために？」と聞く。

たとえば、上司に「こうしてごらん」と言われた時に、「なんのためにそれをするんですか」と聞く人は、二流です。

上司が何か教えようと思って「こうしてごらん」と言っているのだから、黙ってすればいいのです。

これは、習いごとの世界でも同じです。

プロが「こうしてごらん」と言った時に、

「それはなんのためですか」

「それをすると、どういう意味があるんですか」

と、始める前に前置きを並べるタイプが二流です。

黙って無意識にすると、そこから学びがあるのです。

プロや上司は教えようとしているのに、なんのためにするかを聞いてからしようとするのです。

これでは永遠に学ぶことができません。

一流は、「ちょっとやってみてください」と言われると、なんの疑問もなく行います。

全員が理由を聞くわけではなくて、「ちょっとこうしてみて」と言うと、さっとする人としない人とに分かれます。

ある航空会社でパイロットの採用をする時に、志望者を集めて「まずパンツ一枚になってください」と言いました。

ここで、

①「エッ、なんのために？」と言う人

②さっとパンツ一枚になった人

の2通りに分かれました。
②の人が合格です。
パイロットにはとにかくいろいろなことを教えなければならないので、「なんのために?」といちいち言っている人には教えられません。

あらゆる習いごとにおいて、プロがすることは意味があります。

「それをしてどんな意味があるんですか」と、いちいち聞く必要はありません。

「なんのためにするの?」と聞くと、そこを意識してしまうので、プロが無意識でさせようとした意味がなくなります。

プロや上司に言われたことは、さっとすることが大切です。

前置きを言わないためには、さっとしたくなるような信頼度のあるプロに教わればいいのです。

一流の人の教わり方 36

前置きしないで、さっとしよう。

37 一流は、できない原因を分析する。二流は、なぜできないか、言いわけする。

何かできないことがあると、一流の人と同じように二流の人も「分析するとですね……」という分析から始まります。

ただし、二流が言っている分析は全部言いわけです。

「言いわけ」と「分析」は、まったく違います。

「言いわけ」は、自分に都合のいいことです。

「分析」は、自分に都合の悪いことです。

反対なのです。

「だから、できなくて仕方がない」というのが言いわけです。

「だから、自分はここがいけなかったんだ」というのが分析です。
分析をするから変えられるのです。

「自分は悪くない」と言うと、変えようがありません。
一流になるには、まず言いわけしてしまうことです。
「言いわけをしますと」から始めていいのです。
「以上、言いわけ終わり。ここから分析を始めます」というのが、一流の習い方です。
二流の分析が言いわけに終始するのとは違います。
どうしても言いわけをしたい時は、言いわけと分析を分けて言えばいいのです。

一流の人の教わり方 37

言いわけより、分析をしよう。

38 一流は、好奇心をもつ。二流は、興味をもつ。

「好きなことをしたいんです」と言う人は、会社でも「好きな仕事をしたい」と言います。「好きな部署につきたい」「好きな業種で働きたい」と言います。

一方で、その人は「好きなものが見つからない。私、好奇心が強いので、いろんなものが好きなんです」と言います。

それは「好奇心」という言葉の定義を間違っています。

「興味」とは、「好きなものが、好きなこと」です。

「好奇心」とは、「好きでないことでも、好きなこと」です。

たとえば、TVのチャンネルをどんどん変える人は好奇心がありません。

「私、将棋に興味ないから」と、たまたまついていたチャンネルを変えます。

好奇心のある人は、自分がまったく知らないことでも、ずっと見ていられるのです。


好きなことと好きでないことは、全員にあります。

好きなことは誰でも見ます。

そんなものに好奇心はいりません。

それはただの「好き」です。

「これ、あまり好きじゃないんです」と、好き嫌いを言う人は、興味はあっても好奇心がありません。

ここで、自分には好奇心があるかないかがわかります。

「好きじゃないものは、やりたくない」と言う人は、たいてい履歴書の自己紹介欄に「好奇心が強い」と書いてあります。

それは間違いです。

好きでないことを「なんだろう、これ？」と見続けられるのが好奇心です。

好奇心によって、その人の幅は広がります。

好奇心のある人は、たまたまもらった本や、たまたまそこにあった本をずっと読み込んだり、たまたまついているＴＶやたまたま目に映った景色をずっと見ることができます。

仕事でも、好奇心があれば、たまたま自分が担当した商品を一生懸命ずっと売り続けられるのです。

一流の人の教わり方 38

興味より、好奇心をもとう。

39 一流は、体験する。二流は、見学する。

習いごとをする時、最初にどうするかで、一流と二流とに分かれます。

たとえば、初めてダンスを習う人が、「どうぞ見学にいらしてください」と言われて、見学に行きます。

その時、二流はたいてい見ているだけです。

一流は、見学と言っているのに「ちょっとやらせてもらっていいですか」と、その場で始めます。

見学なのにダンスシューズを買ってもってきているというのが、一流です。

見るだけで満足できるのは、好奇心とは言えません。


一流の人は、教わり方が違う。

見学は、安全だからです。

体験は、見学と違って、「うまくできない」「恥をかく」「こっ恥ずかしい事態になる」というリスクが伴います。

見学は、自分の身に危険が及びません。

守られているので、レッスンの感覚はわかりません。

初めて行った時に「ちょっとやらせてください」と言えるかどうかが勝負です。


何かを習う時、「大体わかりました」と言う人がいます。

パソコン教室には、よく中高年の人が習いに来ます。

インストラクターが教えていると、習いに来ている中高年の男性は、たいてい腕組みをしたままです。

インストラクターが「大丈夫ですか」と聞くと、「大丈夫です」と答えます。

それでも、「爆発したらどうしよう」という感じで、キーボードにはさわりません。

「わかりましたから大丈夫です」と言って、マニュアル本に線を一生懸命引いても、キーボードに触《ふ》れないのは、見学と同じです。

それに対して、習いに来るオバチャンたちはキーボードにさわりまくります。

わかっていても、「すみません、ここのところは、こうしたらいいんですか」とインストラクターに質問します。

いざとなれば、コンセントからプラグを抜けばいいという感じで、積極的にキーボードにさわります。

まさにこれこそが体験なのです。

一流の人の
教わり方
39
見学より、体験しよう。

40
一流は、自分の意見を捨てて吸収する。二流は、自分の意見に合うものだけ拾う。

何かを学ぶということは、自分の意見はいったん横に置いておくことです。すべてのことに自分なりの意見があって、自分の意見に合うかどうかで取捨選択していると、新しいものに出会えません。

学ぶというのは、「新しい自分」「新しい正解」を入れることです。

たとえば、上司から部下に教えることがありました。

その時に、部下から「隣の部の上司はこう言っていたんですけど、どちらが正しいんですか」と言われると、上司は教えたくなくなります。

それを聞く人は、いいかげんな人やイヤな人ではなく、まじめなタイプです。常に正解を知っている小学校の優等生です。

ただし、その正解はひとつしかありません。

ひとつの正解以外は間違いというのが、小学校の優等生が知っている正解です。

ところが、社会には正解が無数にあるのです。

占い師さんに見てもらって、「この間、別の占い師さんに聞いたら、こう言われたんですけど、今、先生が言っているのとどっちが正しいんですか」と聞く人がいます。

この質問に対して、一流の占い師さんは「そちらの先生のほうが正しいです」と答えます。

「そんなことを聞く人は、もう来なくていい」ということです。

理由は簡単です。

「占い師のAさんはこう言いました。Bさんはこう言いました。どっちが正解ですか」と、さらに3人目の占い師さんに聞きに行く人なのです。

これは、習い方としては間違いです。

占い師さんは真剣にアドバイスしようと思っているのに、こういう質問をする人には、ちゃんとアドバイスしてあげようとは思わなくなります。

よく「面白いことをしたい」と言う人がいます。

単に自分を肯定してくれるものを「面白い」と言うのでは学べません。自分が知らなかったり、そんなふうに考えないという、自分と反対の意見を吸収することによって、自分の世界は広げられます。

本を読むのは、自分の世界を広げるためです。

好きなジャンルの本や自分と同じ意見の人の本だけを読んでいても、意見は広がりません。

TVのコメンテーターは、反論の電話がかかってくるかもしれない別の切り口の観方を言うのが役割です。

世の中がひとつの正論にまとまろうとしている時に、ありきたりの論や、ちまたの声と同じことを言っても仕方がありません。

世の中にはいろいろな考え方があると気づくことが、この多様性の時代を生きていく世の中では大切です。

コメンテーターは偏《かたよ》った意見を言う必要があるのです。

上司も同じです。

部下は、偏ったいろいろな意見を聞くことによって、自分の世界を広げます。

「そんな考え方もあるんだ」「あんな考え方もあるんだ」と、自分の中に多様性をもちます。

自分と同じような正論だけを聞いていくと、バランスがとれなくなるのです。

コロナ時代には、意見が分かれます。

双方の意見を聞くことで、自分の意見が決まるのです。

一流の人の教わり方 40

反対の意見も、吸収しよう。

41 一流は、知ることで、もっと知りたくなる。二流は、知れば、納得して終わる。

二流は、ネットで何かを調べると、「なるほど、わかりました」で終わります。
これは、それほど好奇心が強いとは思えません。
本当の好奇心は、知ると、もっと知りたくなるのです。

ネットで質問して、答えが返ってきて、「ありがとうございました。ベストアンサーはこれです」で終わることはありえません。
答えがわかって、「ハイ、納得」で終わるものは、もともとそれほど知りたかったのではなく、必要だったから調べたのです。

たとえば、お店の電話番号を知りたいと思って調べる時は、電話番号がわかればそれで終わりです。

ところが、「この漢字の読み方を知りたい」という好奇心で辞書を引くと、「訓読みは、こういう読み方があるんだ。隣の字は何?」と、勉強から抜け出せなくなるほど興味の奥行きの深いところへ入っていきます。

一問一答で終わるものは、好奇心とは言わないのです。

一流の人の教わり方 41

知ることで、もっと知りたくなろう。

42 一流は、教わることで、すべてがつながってくる。二流は、自分に関係ないと感じる。

二流は、何かを教わる時、自分と関係があるかないかを見きわめます。

隣の同僚が上司に怒られている時も、「これはオレ、関係ないな」と完全にスルーしてしまいます。

お客様からは、クレームやお叱りも含め、「こういうことを知らないといけないよ」と教わることがたくさんあります。

その時に、「それは私の担当ではないので」と言って切り捨ててしまうと、それで関係がなくなり、勉強をしなくなります。

教わり方としては損です。

一流は、「つながっていないものなんか世の中にはない」と考えます。

何を聞いても、「これは自分と関係があるかもしれない。自分とは何がつながっているか」と探します。

自分とつながっている部分を探していくのが、教わるということです。

自分とつながっていることを大前提にすると、これを自分の勉強や成長にどう生かせばいいか考えることができます。

自分とはつながっていないと思うと、リスクもないかわりに、面白くもありません。

ところが、自分とつながっていると思った瞬間に、世の中で面白くないものがなくなるのです。

上司から与えられる仕事は、ほとんどが面白くありません。

「自分の人生にこれは関係ないし」と判断してしまうからです。

人間は、自分の人生と関係があると思うことを面白いと感じるのです。

本屋さんに行って、釣りの本を読まないのは、「私、釣りをしないし、私の人生とつながっていないから釣りは面白くない」と思うからです。

情報化社会では、世の中につながっていないものはないのに、「これ、つながっていないから」と、いつも自分の好きなことだけするということはよくあります。

同好の士とばかり情報交換をしてしまうと、狭い中に入ってしまいます。旧石器時代よりもっと狭い人脈関係、同じ価値観の中で動くようになってしまいます。

「今世界で起こっていることなんて、私の生活に何も関係がないから」と言う人は、学ぼうとしていません。

地球の裏側で起きていることが自分の人生にかかわっていると考える人は、面白く感じて、その出来事を真剣に見るようになります。

教わることによって、地球の裏側で起きていることも身近に感じるのです。

世の中で起きている凶悪な事件を新聞で見ても、「ウワッ、かわいそうだな」で終わるのではなく、「これ、自分に身近なことだな」と感じられます。
「今は遠くで起きているけれども、いつ自分が被害者になってもおかしくない。ひょっとしたら加害者になる可能性もあるかも」と考える時に、あらゆるものに関心をもつことができます。

教わっている人は、退屈することがありません。
何を見ても、面白いと感じるからです。
「面白い」とは、自分と関係があるということです。

探しまわらなくても、今、目の前にあることを「面白い出来事が起こっている」と、自分とつなげて考えることができるのです。

一流の人の教わり方 42 **すべてがつながっていると、気づこう。**

43 一流は、ひとつのことを続ける。二流は、次のことを探す。

二流は、「私、好奇心が強い人だから」と、次から次へと新しい習いごとを始めます。

これは、好奇心が強いとは言いません。

好奇心が強い人は、ひとつのことを続けます。

「勉強がなかなか続かないんです」「仕事がなかなか続かないんです」と言う人がいます。

「仕事を続けるコツはなんですか」と聞く人は、その発想が違います。

「仕事」は「続けること」を指すので、言葉が重複しています。

仕事を続けるのではありません。

続けることが、仕事です。

「仕事が続かない」と言う人は、仕事をしていないということです。

「いろんな仕事をしたんですけど、どれもなかなか続かなくて」と言う人は、ひとつも仕事をしていないということです。

仕事の定義が違うのです。


「勉強が続かない」と言うのもヘンです。

続けることが、勉強です。

勉強している人は、ただコツコツ続けているのです。

本人は、勉強を続けているという意識がありません。

続けているだけのことが、仕事や勉強だったりするのです。


女子高生は「恋愛が続かないんです」と言います。

中には、「最長3日」「最短2時間」と言う女子もいます。
「最長3日」「最短2時間」を恋愛に入れるのはおかしいです。
続けるのが恋愛です。
続けることで夫婦になるのです。
1日しか続かない関係は、夫婦とは言いません。
仕事も同じです。
ひとつのことを続けるのが一流なのです。

一流の人の教わり方 43

ひとつのことを続けよう。

44 一流は、問いを求める。二流は、答えを求める。

私が授業をしていると、生徒に起こりがちな現象があります。
常に「先生、早く答えを言って」という顔を生徒がすることです。
いいかげんな生徒ではありません。
ビジネススクールで、熱心でまじめな大人の生徒です。
たとえば、私が授業で問題を出しました。
それをどう思うか、みんなに意見を聞きました。
手が挙がりません。
その時のクラスにいる人たちは、手にペンをもって「先生、早く答えを言ってください。ノートに書いて覚えますから」という姿勢です。

言葉では言いません。

それでも、「先生、早く答えを言ってください」と、クイズの答えを催促《さいそく》するようなテレパシーを感じるのです。

それは、一流の教わり方ではありません。

数学ができる子は、答えを言おうとすると「アーッ」と言います。

「すみません、今日答えを言わないでください。ひと晩考えさせて」と言うのが、数学が好きな子です。

答えを自分で考えたいのです。

詰《つめ》将棋の本は、答えが次のページに書いてあります。

中には、すぐページをめくって答えを見る人もいます。

これは詰将棋の本をムダにしています。

正解を覚えるためにつくられた本ではないからです。

すぐ答えを見ていたのでは、考える楽しみがまったくありません。

ウンウンうなって考え抜いて、そのうえで答えを見た時に「あ、そうか！」という味わいがあるのです。

それが教わるということです。

すぐ答えを見るのは、推理ドラマで「早く犯人を言え」と言っているのと同じです。

推理物の映画を見た人に、「どうだった？　面白かった？　犯人は誰？」と聞いているようなものです。

ネタバレしないようにガマンしている相手に、「犯人は誰？」と聞かないことです。

ハッピーエンドかアンハッピーエンドかを先に聞くと、実際に映画を見てもハラハラしないのです。

今はネット社会で結論を急ぐ時代になって、ＴＶの刑事物のドラマは、すべて

1話完結になってしまいました。
昔は、犯人がわかるまで1週間待っていたのです。
それが、今は待てないのです。
犯人がわかるまで時間がかかると、もう見ません。
「犯人をすぐ言え。忙しいんだ、こっちは」と、TV局にクレームの電話が入ります。
世の中の人は、こらえ性《しょう》がなくなっているということです。
かつては、犯人が2年間わからないドラマもありました。
それでもずっと続けて見ていたのです。
コロナ時代は、答えのない時代です。
どんなことも、自分で考える時間が楽しいのです。

一流の人の教わり方 44
覚えるのではなく、気づこう。

45
一流は、プロに切り捨てられないと信じる。二流は、プロに諦められるのが怖い。

二流の人が上司に言われて一番怖いことは、「何度も言うけどさ」です。

「しまった、何度も言われていることをまたミスってしまった。これで自分はダメなヤツだと思われるんじゃないだろうか。上司に切り捨てられるんじゃないだろうか」と心配しているのです。

上司は、「これは大切なことだから何度も言うけど」と言っただけで、別に「おまえ、切り捨てるぞ」という意味で言っているわけではありません。

まじめな人は、学校時代に先生にも親にも叱られたことがありません。

会社に入って初めて、お客様や上司に叱られるのです。

叱られる免疫がないので、叱られた瞬間ビックリして、「もう自分は切り捨てられる」と恐怖を感じます。

切り捨てられることが一番怖いことなのです。

「何をしようが、どんなに自分の成長が遅かろうが切り捨てられることはない」というのが信頼です。

上司は本来、できないことで切り捨てはしません。

自分が勝手に「切り捨てられるんじゃないか」とおびえて、「何度も言うけどさ」という言葉で、「すごい怒っている。最後通牒《つうちょう》が来た」という気分になってしまうのです。

「何度も言うけどさ」と言われても、まったく気にしないことです。

前に言ったことを繰り返すと、「また繰り返してる。記憶力が鈍《にぶ》い」と言われたらイヤだから、「前にも言ったと思うけど」「言ったかもしれないけど」という言葉を、上司はビクビクしながら言っているだけです。

気にする必要はありません。

「何度も言うけどさ」は、「ここが大切なところだよ。基礎、基本だよ」と教えているのです。

同じことを100回言うのが上司の仕事であり、同じことを100回聞くのが部下の仕事なのです。

一流の人の教わり方 45
「前にも言ったけど」にくじけない。

46
一流は、教わるために仕事を使う。二流は、仕事のために教わる。

二流は、「仕事のために、これを教わらなければいけない」と考えています。

一流は、「教わることで自分が成長するので、教わるために仕事がある」と思っています。

自分のために仕事があるのです。

二流は、仕事のために自分があるのです。

主体が違います。

そのために、二流はストレスがたまるのです。

「仕事のために自分は教わって成長しないといけない。あんなイヤなヤツに教わらなければいけない」と思うと、つらくなります。

一流は、順番が違います。

「自分が成長するために、あのイヤな仕事とイヤな上司がいる」と考えます。

教わって仕事をするのではなくて、仕事を通して教わることが大切なのです。

一流の人の教わり方 46 **仕事を通して、教わろう。**

47

一流は、練習で頑張る。二流は、稽古で頑張る。

剣道なら「それでは稽古しましょう」「はい、よろしくお願いします」と、お互いにお辞儀《じぎ》をして始めます。

「ここをもう少し、こうしたほうがいいね」とアドバイスをしてもらい、最後は「ありがとうございました」で終わります。

練習とは、レッスン以外の時間に家で実行していることです。

教えてくれる人が目の前にいてすることが、稽古です。

目の前に先生がいない時にすることが、練習です。

稽古だけでは、うまくなるわけがありません。

たとえば、家にピアノをもっていない人がピアノ教室に通っている場合、
①ピアノ教室の先生のところだけで稽古している人
②紙に鍵盤《けんばん》を描《か》いて家で練習している人
の2通りに分かれます。

先生は、生徒が練習してきているかどうかは、ひと目でわかります。
①の人は、前回習ったことをその場で思い出しながら弾《ひ》くからです。
結局、24時間365日練習している人と、週1で稽古している人の差になってしまうということです。


ゴルフは、打ちっ放《ぱな》しで練習することが大切です。

グリーンに行った時に練習していたのでは、うまくなるわけがありません。

「あの人が成長が早いのは、もともと筋《すじ》がよかったから」「運動神経があるから」ということではないのです。

練習で圧倒的な差がつきます。

練習してきている人は、稽古で力《りき》みがありません。

「悪いところや間違っているところを直してください」と、プロに普通に見せられます。

練習していない人は、「バレたら大変」と、練習しているフリを装《よそお》うので稽古の時に力むのです。

二流は、プロに「ここがちょっと……」と言われると、「それはこういう理由があって、こういうことで違うんです。いつもはできています」と、いつもできているフリを装います。

「今日は特別です」と言って力んで、稽古でミスできなくなることで、結果として続かなくなるのです。

一流の人の教わり方 47 稽古より、練習で差をつけよう。

48 一流は、先生を探す。二流は、学ぶことを探す。

「勉強したいんですけど、何を勉強すればいいかわからない」と言う人がいます。

二流は、勉強することを探します。

一流は、先生を探して、たまたま出会った先生が英語を教えるなら英語を学び、茶道を教えるなら茶道を学びます。

何を学ぶかではなくて、誰から学ぶかを優先するのです。

松岡修造さんからテニスだけを習う必要はありません。

松岡修造さんに英語を習ってもいいのです。

松岡修造さんは世界で活躍しているので、英語もできます。

松岡修造さんから熱血英語を教わるでも、算数を教わるでもいいのです。

松岡修造さんに、企画の仕方を教わるのもいいです。

松岡修造さんは、ムチャクチャ企画する人です。

TV『情熱大陸』の松岡修造さんの密着取材では「こうして、こういこう」と、松岡さん自身が企画を提案していました。

それぐらい考えるから、天才なのです。


「英語を勉強したいんですけど、どこの教室に行ったらいいですか」と言う人は、教室を探しています。

それよりは、「この先生」という人に出会うことが大切です。

人生は、どんな先生にめぐり合えるかという旅です。

子供のころは、親が先生でした。

小学校時代は、学校の先生が先生でした。

社会に出たら、上司も先生です。

「上司」と言うと、上司・部下の関係でめんどうくさい感じがしますが、「先生」と思えばイラッとしなくなります。
そうすれば、上司から素直に学ぶことができるようになるのです。

一流の人の教わり方 48

先生とめぐり合うために学ぼう。

49
一流は、結果を焦らない。
二流は、すぐ結果を出そうと焦る。

物事には、すぐ結果になることと、すぐ結果にならないことがあります。
すぐ実がなる木と、すぐ実ができない木があるのと同じです。
簡単なことはすぐ結果が出ますが、大切なものはなかなか結果が出ません。
大きなものほど、タイムラグがたくさん生まれます。
それが形になるまでに時間がかかるのは、当たり前のことです。

すぐ結果を出さないと上司に切り捨てられるという不安感をもつのは、小学校の優等生です。

すぐに結果は出なくていいのです。

すぐわからなくても、すぐ気づかなくても、いつか気づけばいいのです。

これが、「そのうちわかるから」という上司の言葉を、「今わからなくてもいいんだな」と自分の中で受け入れることです。

今納得できないことを、ノートに書いておきます。

今わかることは、本当はノートに書く必要はありません。

ノートのいいところは、「これ、今わからない。意味不明」ということが、何年かたって、パッとそのノートを見た時に「あら、これはそういう意味だったのか」とわかることです。

今は経験量が足りなくて、その話がつながらない。

けれども、何年かたって経験を積んだら、そのひと言の意味がわかるように、未来の予告として、今、意味がわからない言葉をひとつ仕入れて、ノートに書き記しておくことが大切です。

「上司が言っていた意味は、こういうことだったのか」と、何年もたってからわかるという教わり方もあるのです。

むしろ、今100％わかる人は、あまり深いことを教わっていません。

深いことであればあるほど、それがわかるまでに時間がかかります。

究極は、死ぬまでにわかればいいのです。

上司も、部下にそれがすぐわかると思って言っていません。

「わからないけど、入れておくよ」というのが教える側の義務なので、すべてわからなくてもいいのです。

「これは納得いかない」ということも、「納得なんかする必要はない。今、君の経験量では無理だから。だけど、いつかこの出来事で苦しむことになるから、その時のために先に言葉を置いておくよ。いつかこれ使って」というメッセージが込められているのです。

よく民話に、「苦しくなってきたら、この袋をあけなさい」という言葉が出てきます。

ここ一番で開いた時、その言葉が役に立つのです。
焦る必要はまったくありません。
「将来必要になるメッセージの袋を捨ててくるな」ということなのです。

一流の人の教わり方 49
今わからないことも、吸収しよう。

50 一流は、教わることで自由になる。二流は、教わることで不自由になる。

二流は、「いろいろ教わると、考えることが多くなって、めんどうくさい」と言います。

「あれもしなくちゃいけない、これはしてはいけないと、いろいろ教わって、自分が不自由になるから教わりたくない」

「頭がこんがらがる」

「いろいろな本を読んで、いろいろな人が、いろいろなことを言うと、どれが本当かわからないので、自分が動きにくくなる」

と、思うのは間違いです。

いろいろなことを教われば教わるほど、学べば学ぶほど自由度は増します。

勉強や仕事をすることによって、自分の選択肢が増えるのです。

「ここまでしてもＯＫなんだ」「こんなこともできるんだ」と、知っていくことが「教わる」ということです。

教わりながら自由になっていきます。

「もっと自由に生きたいんです。だから、誰からも教わりません」と言うのは、逆に自分を不自由にしているのです。

一流の人の教わり方 50

教わることで、自由になろう。

51

一流は、したことへの質問をする。二流は、していないことの質問をする。

就活のセミナーに行くと、「就活ですること3つと、してはいけないこと3つを教えてください」という質問が出ます。

この就活学生は明らかに、まだひとつも会社をまわっていないことがわかります。

一方で、内定がとれる学生は「この間、1次面接でこう聞かれて、こう答えたら、2次面接まで通らなかったんですが、やっぱりこう言ったほうがよかったんでしょうか」と、具体的な質問をします。

すでに自分がしたことについての質問は具体的になります。

していないことについての質問は具体性を与えることができないのです。

していないことに対してのアドバイスは活《い》かすことができません。

たとえば、AさんとBさんとの三角関係で悩んでいる人がいます。

「Aさんと運命の出会いがあって、さらにBさんという運命の人があらわれて、そのことを今Aさんに言うべきかどうか迷っています。先生、どうしたらいいでしょうか」と質問されました。

この話は、まだどちらともつきあっていない三角関係だとひと目でわかります。これは現実逃避《とうひ》です。

現実の人とつきあうと、フラれるというリスクがあります。

妄想の中で「運命の人」と呼んでいれば、フラれることはないからです。

一流は、したことに対しての質問をします。

まじめな優等生は失敗を恐れているので、「こういうふうにしなさい」とアドバイスすると、「じゃ、それをして、もしうまくいかなかったらどうしたらいいんですか」と聞きます。

その質問をする前に、まずアドバイスされたことを実践してみることです。

「うまくいかない」と言う人からの相談は、

「うまくいかなかったことを聞きましょう」

「こういうふうにしたらうまくいかない」

「どんな結果になった?」

「きっとうまくいかないに違いない」

という会話になります。

結局、まだ何もしていないのです。

これは経営者からの相談でも多いです。

「なかなかうまくいかないんですけど、どうしたらいいですかね」

「どういう結果になりましたか」

「たぶんうまくいかないと思うので、まだしていないですけど」

というパターンです。

「うまくいかないであろうこと」と「うまくいかなかったこと」とは、天地ほどの開きがあります。

実際にしてみて、うまくいかなかったことに対しては、アドバイスができます。

ところが、「うまくいかないであろう」と言って、していないことには、アドバイスのしようがないのです。

これが一流と二流の教わり方の差になるのです。

一流の人の教わり方 51 **アドバイスされたことを、まずやってみよう。**

52 一流は、教わり方から教わる。二流は、教わり方を学ばない。

二流は、急いで「早く教えてくれ」と言います。

一流は、まず自分が教わりたいことの教わり方から学びます。

まずベースとなる基本OSを入れておかないと、その上にソフトは載りません。OSがないところにソフトを入れようとしたり、土台がないところにいきなり壁を立て始めようとするのが、教わり方を学ばないということです。

これまでに何かひとつでも習いごとをしてきた人は、教わり方が身についています。

ちゃんとした先生にめぐり合っている人、厳しく教わり方を指導された人は、教わり方が身についています。

本来、教わり方は、学校に上がる前、または小学校時代にきちんと身につけるものです。

その時に、幸か不幸か、厳しい教わり方の体験をスルーしてしまった人たちが、そのまま大人になって会社に入ってくるのです。

この人たちは、教わり方を教わっていません。

そのため、上司に何か言われた時に、教わり方がわからないのです。

教わる時のマナーやリスペクトは、習いごとをすると身につきます。

習いごとは、教わり方を身につけているのです。

それを教わっていない人は、今から小学校時代に戻ることはできないので、会社に入った機会に教わり方を教わることが大切です。

「この人は、小学校時代に教わり方を教わらないで、大人になってしまった人だな」ということが一発でわかります。

教わり方を教わっていない人は、どんな習いごとに行っても、どんなにいい先生に出会ってもダメです。

「早く教えてくれ」と言います。

そういう人は、教えてもらう前に、教わり方を教わる必要があるのです。

一流の人の教わり方 52 教わり方から、学ぼう。

53
一流は、できなくても、さっとする。二流は、言いわけをして、なかなかしない。

たとえば、上司が「これして」と言った時に、優等生はグズグズ言ってなかなかしません。

ここで失敗したくないからです。

まず、上司が何を試しているのか深読みするのです。

上司から質問された時も、最初にその質問の意図を探るので即答できません。

その時、一流はパッと答えます。

一流は、質問されたら、思いついたことをポンと答えられる。

「あそこを見て」と言われたら、さっと見るのです。

あるホストクラブのオーナーが、新人ホストの採用面接をしました。

オーナーが「あそこを見てみて」と言うと、その方向を振り向く人と振り向かない人がいました。

「そこを見て」と言う場所に何かがあり、それについての話かなと思って振り向くのは当たり前だと考えがちですが、半分の人は振り向かないのです。

「あそこを見てみて」と言った時に、「そこに何があるんですか」「見たらどうなるんですか」「これは何のテストですか」と先に聞くのが、優等生によくあるパターンです。

すべてのことで、先生の意図を先に読み取ることがうまいのが小学校の優等生なのです。

ところが、それが通用するのは、ファクターが少ない小学校までです。

社会は、あまりにも要素が多すぎて、意図を読み取ることが不可能です。

だからこそ、目の前のプロが言うとおりに動くしかない。

なのに、小学校の授業のように意図を読み取れるという傲慢《ごうまん》な思い込みがある人は、二流の教わりベタになってしまうのです。

一流の人の教わり方 53

言いわけより、工夫をしよう。

54

一流は、結果を気にしない。
二流は、結果を気にする。

教わったことを試してみると、当然、結果は出ます。
その時に、二流は覚悟がありません。
一流は、覚悟があります。
覚悟とは、責任をとることではありません。
結果を気にしないということです。
たとえば、上司に教わったとおりにして、うまくいかないことがあります。
上司は、うまくいくことだけを求めているのではありません。
自分が教えたことに気をつけて、その仕事をしたかどうかを一番大切にしているのです。

自分が教えたとおりにした結果なら、うまくいかなくてもＯＫです。

一方で、自分が教えたとおりにしないで、結果だけよくなった場合はアウトです。

教えられるということは、教えられたとおりにして、全力を尽くすことによって覚悟がもてます。


かつて、開成高校野球部が東京都大会のベスト16に進出したことがあります。

この時の監督のアドバイスは、「ボールを見ても、おまえたちのバットは当たらないから、目をつぶって打っていけ。見たら当たらない。目をつぶって打てば、確率的に当たるチャンスがある」というものだったそうです。

このアドバイスを実践した選手は、バットにボールが当たるのです。

その時に薄目《うすめ》をあけている人は、バットにボールが当たりません。

監督が「振る時に目をつぶれ」と言ったことを守って当たらなければ、「監督の指示どおりにして当たらないんだから、これでいい」と思えるのが、教わるということです。

開成高校の野球部員は、さすが「教わる一流」でした。

教わる時は、「上司と自分が一緒にしているわけだから、言われたとおりにしてみよう」という思いきりが大切なのです。

一流の人の教わり方 54

結果を気にしない。

55 一流は、能動的に教わる。二流は、受け身になって不安になる。

たとえば、上司が一方的に教えたことを部下が学ぶというのは、一見ワンウェーのように見えます。

ただ授業を聞いたり、上司の言うことを聞くだけでも、受け身とは限りません。

話を聞く時には、

①受け身的な聞き方

②能動的な聞き方

の2通りがあります。

いかに能動的な聞き方をするかが勝負です。

「能動的な聞き方」とは、今聞いている話を自分の人生につなげて、「早速できることはなんだろう」と考えながら聞くことです。

本を読むことに関しても、受け身的な読み方と能動的な読み方があります。

「この本に書いてあることを自分の生活や仕事に置きかえて考えたら、何が具体的にできるだろうか。活かせることはないだろうか。今これをしてみよう。本なんか読んでいる場合じゃない」と、本を投げ捨てて、早速それを始めてしまうのが能動的な読み方です。

教わるというのは、受け身のことではなく、能動的な教わり方があるのです。

受け身になるとマイナスなのは、常に不安が生まれることです。

自分がイニシアチブをもっていないからです。

話を聞くだけでも、本を読むだけでも、上司に叱られていても、イニシアチブをもつことはできます。

たとえば、上司に叱られているとします。

ここで、「叱られた、嫌われた、ダメなヤツだと思われて切り捨てられたらどうしよう」と考えるのは、受け身的な聞き方です。

「いつか自分が上司になったらこういう叱り方をしよう。さあ、今、上司は振り上げたこぶしをどうやっておろすのか」「あ、うまいな。こうやってまとめるのか」と、考えながら叱り方を見ている時点で、この人は恐怖心が何もありません。

「どうやって叱るの？」と、上司を試しています。

「残念、その叱り方は、もう少しこうすればよかったのに」「こういうどんくさいところが、上司のかわいげがあるところなんだよね」という聞き方ができるのが能動的なのです。

たとえば、上司のスピーチがヘタな時も退屈には感じません。

「これは、もっとここをこうしたらいいのに」

「自分だったら、ここをこうすればいいな」

「自分が上司のスピーチのあとを受けて話すことになった時に、自分が目立つ方法もあるけれども、上司の話がポッと活きるようなコメントを言うにはどうすればいいだろうか」

と考えます。

私は、ＴＶ番組を観ている時でもヘトヘトに疲れます。

自分は出ていないのに、「ここにコメンテーターとして出ていたらどうするだろう」「ＭＣで出ていたらどうするだろう」と、必死にツッコミを入れながら番組を観てまわっているからです。

その時点で、私は観ているだけなのに番組に出ているのと同じです。

一流は、常に能動的な見方や教わり方をしているのです。

コロナの不安は、受け身から生まれます。

能動的な教わり方を知っている人は、コロナ時代にも不安を乗りこえることができるのです。

一流の人の教わり方 55

能動的に教わろう。

56 一流は、失敗を照れない。二流は、失敗を照れる。

一流は、照れくさいという感情を乗り越えています。

二流は、照れくさいという感情を乗り越えていません。

一番イヤらしいのは、照れながらすることです。

たとえば、

「お客様をほめましょう」

「お客様に挨拶しましょう」

「大きい声で元気よくいこう」

と言われて、照れながらしたらイヤらしいのです。

どんなに教わったことでも、照れながらするのはＮＧです。

いざとなったら、照れを捨ててすることが大切です。

失敗が恥ずかしいのではありません。

失敗よりも、照れながらしていることがイヤらしいのです。

実際に体を動かす時でも、顔を上げたり、相手と目を合わせたり、声を出すことは、今までしたことのない人にとっては恥ずかしいことです。

照れながらすると、自分も恥ずかしくなります。

それは、みんなから見ても恥ずかしいことだし、自分自身もさらに恥ずかしさが大きくなります。

照れを乗り越えるためには、恥ずかしいことをたくさん体験することです。

自分が今までしたことがないことをたくさんするのです。

今までとは違う環境に身を置いて、逃げられない状況をみずからつくって追い込む中で、やらざるをえなくなります。

昭和の時代は、逃げようと思っても逃げられませんでした。

現代の成熟社会は、逃げようと思えばいくらでも逃げられる社会です。

逃げない人と逃げる人とでくっきり分かれて、逃げまわっている人はいつも照れています。


照れている人は、不機嫌に見えます。

人間は照れると、少し怒ったような顔になるからです。

結果として、「おまえ、怒られているのに、何ふてくされてるの?」と言われたりします。


ふてくされているのではなくて、照れているだけです。

照れた顔をするだけでも損をしてしまうのです。

一流の人の教わり方 56 失敗より、成長をとろう。

57 一流は、わかったフリで逃げない。二流は、わかったフリをする。

二流は、上司に叱られると「ハイ、わかりました」と言います。

実際は、わかっていません。

わかったフリで早く逃げたい、致命的なところを逃れたいと思っているのです。

一流は、わかったフリで逃げません。

わからない時は、「わからない」と言ったり、「ここまではわかったけど、ここからはわからない。ここを教えてほしい」と食い下がれます。

わかることとわからないことを、ちゃんと言えるのです。

二流は、「小学校優等生」なので、「わからない」と今まで言ったことがありません。

先生が言う小学校レベルのことは全部わかっていました。

ところが、社会人レベルになると、１００点満点ではなく1万点満点なので、わからないことだらけです。

二流は、今まで「わからない」と口に出したことがないので、『わからない』と言ったらダメなヤツだと思われて切り捨てられる」という恐怖心があります。

私が教えている時も、「ハイ、わかりました」とすぐ言います。

本当にわかった人間は、目が輝きます。

わからない人間は、目が輝かないまま「わかりました」と言うので、よけいにヘンなのです。

「君はわかっていないのに、わかったフリをしている」とすぐにわかります。

上司やプロはそれを見抜けない、ごまかせると思っている時点で、その人は「小学校優等生」を卒業できていません。

わからないのに「わかった」と言ってしまうことは、この先、事故のもとにもなりえます。

二流は、「これで事故になったら大変だぞ」という先のことまで考える知恵がないということです。

あとで自分自身が困ることになったり、みんなに迷惑をかける。

より大きなお叱りを受けることになるという先々《さきざき》のことを想像しないのです。

「なんとかその場をしのぎたい」という気持ちが先立って、「わかりました」と言ってしまうのです。

たとえば、ボイストレーニングでは、響きを胸で感じるという練習を最初にします。

二流は、まったく胸に響いていないのに「わかりました。こういうことなんですね」と言います。

実際に響いている人のほうが「こういうことかな。いや、ちょっと待って、わからないな」と真剣に考えています。

他者承認のネット社会に生きて、まわりからどう見られるかを優先してしまうと、きちんと教わることができなくなるのです。

一流の人の教わり方 57

わかったフリで逃げない。

58 一流は、口頭で教わる。二流は、文字で教わる。

情報化社会は、字や絵という視覚に頼る社会です。

みんな本を読まなくなっているというわりには、何かを教えると、「すみません、プリントはないんですか」「紙に書いてください」と言われます。

今はメモしないで聞いてほしいという時でも、メモに逃げようとします。

「すみません、今日休むので、プリントをあとでもらえますか」と言うのは、小学生の発想です。

先生が体で教えていることは、プリントで表現できないのです。

授業に出た人にノートを借りてコピーをとっても、すべてはわかりません。

ただ自分のノートを読んでいるだけのつまらない先生の授業なら、それでも大丈夫です。

レベルの高いことに関しては、ナマで口頭で聞かなければわかりません。

もっと言うと、紙で先に見てしまうと、感動がなくなります。

たとえば、「見られなかった映画のあらすじをコピーして」と頼んで、「ヘェ、面白いね」と、あらすじを読みました。

この時点で、将来、映画を見て感動できるチャンスがなくなります。

ノートに関しては、聞いている人間のレベルでしかノートはとれません。

先生よりはるかにレベルが低いフィルターのノートを見て、「大体そういうことですね。わかりました」と言うのは危険です。

今、ナマで直接聞こうとする力がだんだん弱くなっています。

たとえば、上司が何か怒っている時に、

「すみません、録音とらせてもらっていいですか」

「何するんだ?」

「あとでちゃんと聞くために」

と言う人は、今目の前の話にもっと集中する必要があります。

今、集中しないで「録音をとっているから、あとで聞けばいい」というレベルの話ではありません。

教わり方がヘタな人ほど、よく録音をとっています。

駿台《すんだい》予備校の名物講師・鈴木長十先生は、録音をすると怒りました。

予備校生が録音をとるのは、訳を正確に聞いたり、家に帰ってもう一回復習するためです。

当時はカセットレコーダーで録音していましたが、「録音をするな。録音をするなら田舎に帰れ」と鈴木先生が怒ったのは、今ではよくわかります。

「今の時間に集中して、ここでなんとかわかろうとする」という気持ちをもってほしいからです。

それが今では、ハードウエアが進歩して簡単に録音できるようになりました。

板書《ばんしょ》も書き写していく過程が大切です。

今、ＩＣＴが盛んになってきて、「学校の授業も板書をできるだけ減らして、時間短縮しましょう。密度を高めましょう」となっています。

たしかに密度は高まりますが、私は、自分が教える時も板書をします。

板書をノートにとる時は、理解しながらでなければできないのです。

それは、教わり方として意味があることです。

私は、パワーポイントを使わないで、一生懸命目の前で板書していくという教え方をしています。

最近、講演会で多いのが、スマホのカメラでパシャッというタイプの人です。

悔《くや》しいので、その人が写真を撮ったあと、必ずボードに書き加えます。

私もいい板書ができた時は記録にとっておきますが、結局は見ません。

一流は、その瞬間、一期一会で教わります。

あとで見返そう、あとで録音を聞こうとする人は、教わることはできません。

上司が怒っている時に「私、打ち合わせがあるのでボイスレコーダーを置いておきます。ここに怒っておいてください」というのができないのと同じです。

これでは、せっかくのチャンスを逃しています。

教える、教えられるという関係は一期一会で成り立っているのです。

一流の人の教わり方 58

文字ではなく、口頭で教わろう。

59

一流は、ダメ出しをしてくれるプロを選ぶ。二流は、ほめてくれるプロを選ぶ。

二流は、ほめてくれる上司を探します。

上司にしたいタレントで、だんだん順位の入れかわりが起こっています。

かつては、女性なら天海祐希《あまみゆうき》さんがトップでした。

天海祐希さんは、厳しさと優しさがあるからです。

今、順位が上に来るのは、優しさのみの人です。

厳しい人がいなくなりました。

一流は、ほめてくれる人ではなく、成長したいからダメ出しをしてほしいのです。

同じことをしても「どこがよかったか言ってください」と言うのは二流です。

「これ、どこを直せばいいか、教えてください」と言うのが一流です。

それで成長していけます。

二流は、耳に痛い言葉は記録に残さないし、ノートにもとりません。

なかったことにしたり、聞き逃したり、スルーしてしまいます。

ただ、私の中では、昔痛かった言葉が今でもずっと残っています。

耳に痛い言葉は、「この人は死ぬのではないか。最後に厳しい言葉を私のために言ってくれているんじゃないか」と考え、遺言として聞きます。

遺言だと思うと、「厳しい言葉はありがたい」と感謝をもって聞けるのです。

一流の人の教わり方 59
厳しくしてくれるプロをもとう。

epilogue

60

一流は、教えてもらえるのが奇跡と感じる。二流は、教えてもらって当たり前と感じる。

二流は、「教えてもらって当たり前、上司は教えるのが仕事でしょう」と思っているので、それほど感謝の気持ちはありません。

「ちゃんと教えろ、あなたは教え方がヘタだ」

「『三つほめて一つけなす』と本に書いてあるじゃないですか、最後にもう一回ほめてまとめなさいよ」

と言う人は、ほめてもらうのが当たり前というお客様意識でいるのです。

会社の中でも、自分は成長する生産者ではなくお客様という意識でいる人は、「教わっていません」「それ、聞いてないです」と言います。

聞いていないではなくて、聞きに来ていないのが現実です。

「教わっていないから仕方がない。できなくて当然」は、当たり前の発想です。

人に教える義務はひとつもないのです。

教わる権利もありません。

教えてもらえるということは、奇跡なのです。

そう考えると、1回教えてもらえることに対して、これほどありがたい感謝はありません。

その人にめぐり合って、その人の人生から出てきた言葉をいただく。

その人が試行錯誤を重ねて、多くの時間と労力と、お金をかけて学んできたことを絞り出して何かを教えてくれているのです。

モノをもらうというより、その人の命、魂をもらうのと同じです。

教わるということは、お金をもらうことより、はるかにありがたいことをしてもらっているのです。

これほど奇跡的なことはありません。

「当たり前」とは、いつでも誰でもしてもらえることです。

過去もずっとあり、このまま未来永劫《えいごう》続きます。

「奇跡」とは、いつでも誰でもしてもらえない、めったにないことです。

過去にはなく、未来にも二度とありません。

教えてもらうチャンスは、もう二度とこの人に教えてもらえる機会はない、というくらい貴重です。

神様がプロや上司の形をしてあらわれて、自分に有効なアドバイスをしてくれているのです。

そのアドバイスは今必要なことではありません。

未来の不具合、成長した自分に対して発生する不具合を前もって教えてくれているのです。

そう考えると、今教えてくれていることを大切に聞くことができます。

今の不具合が解決することなんていらないのです。

今は不具合を感じていないからです。

教えてもらうのは習いごとだけではありません。

コロナの不安の乗りこえ方も、教わり方が上手いと教えてもらえます。


コロナの時代に、出会いがあります。

最高の出会いは、教えてくれる人との出会いです。

上司が教えてくれることの多くは、「これを教わっておかないと、将来、つらいことになるぞ」ということです。

そのため、今は意味がわかりません。

今、意味がわからなくてもいいのです。

そのうちわかります。

成長したら不具合を感じることを、今教わるのです。

「自分は、教えてくれなくていい。なんで教わらなくちゃいけないの？」と言う人は、今のレベルで満足し、そのまま一生が終わって死んでもいいと思っているのです。
そういう人は、何も教わらなくていいし、教わらなければならないこともありません。
ただし、しんどくても教わらないと、今の状態からは抜け出せません。
今の状態を抜け出すために教えてくれるのが、上司であり、プロです。
教えてくれる人に出会えるという奇跡的なことが起こっているのです。

一流の人の教わり方 60
教えてもらえる奇跡に気づこう。

中谷彰宏　主な作品一覧

【ダイヤモンド社】

『60代でしなければならない50のこと』
『面接の達人 バイブル版』
『なぜあの人は感情的にならないのか』
『50代でしなければならない55のこと』
『なぜあの人の話は楽しいのか』
『なぜあの人はすぐやるのか』
『なぜあの人は逆境に強いのか』
『なぜあの人の話に納得してしまうのか［新版］』
『なぜあの人は勉強が続くのか』
『なぜあの人は仕事ができるのか』
『25歳までにしなければならない59のこと』
『なぜあの人は整理がうまいのか』
『なぜあの人はいつもやる気があるのか』
『なぜあのリーダーに人はついていくのか』
『大人のマナー』
『プラス1%の企画力』
『なぜあの人は人前で話すのがうまいのか』
『あなたが「あなた」を超えるとき』
『中谷彰宏金言集』
『こんな上司に叱られたい。』
『フォローの達人』
『「キレない力」を作る50の方法』
『女性に尊敬されるリーダーが、成功する。』
『30代で出会わなければならない50人』
『20代で出会わなければならない50人』
『就活時代しなければならない50のこと』
『あせらず、止まらず、退かず。』
『お客様を育てるサービス』
『あの人の下なら、「やる気」が出る。』
『なくてはならない人になる』
『人のために何ができるか』
『キャパのある人が、成功する。』
『時間をプレゼントする人が、成功する。』
『明日がワクワクする50の方法』
『ターニングポイントに立つ君に』
『空気を読める人が、成功する。』
『整理力を高める50の方法』
『迷いを断ち切る50の方法』
『なぜあの人は10歳若く見えるのか』

『初対面で好かれる60の話し方』
『成功体質になる50の方法』
『運が開ける接客術』
『運のいい人に好かれる50の方法』
『本番力を高める57の方法』
『運が開ける勉強法』
『バランス力のある人が、成功する。』
『ラスト3分に強くなる50の方法』
『逆転力を高める50の方法』
『最初の3年その他大勢から抜け出す50の方法』
『ドタン場に強くなる50の方法』
『アイデアが止まらなくなる50の方法』
『思い出した夢は、実現する。』
『メンタル力で逆転する50の方法』
『自分力を高めるヒント』
『なぜあの人はストレスに強いのか』
『面白くなければカッコよくない』
『たった一言で生まれ変わる』
『スピード自己実現』
『スピード開運術』

『スピード問題解決』
『スピード危機管理』
『一流の勉強術』
『スピード意識改革』
『お客様のファンになろう』
『20代自分らしく生きる45の方法』
『なぜあの人は問題解決がうまいのか』
『しびれるサービス』
『大人のスピード説得術』
『お客様に学ぶサービス勉強法』
『スピード人脈術』
『スピードサービス』
『スピード成功の方程式』
『スピードリーダーシップ』
『出会いにひとつのムダもない』
『なぜあの人は気がきくのか』
『お客様にしなければならない50のこと』
『大人になる前にしなければならない50のこと』
『なぜあの人はお客さんに好かれるのか』
『会社で教えてくれない50のこと』

『なぜあの人は時間を創り出せるのか』
『なぜあの人は運が強いのか』
『20代でしなければならない50のこと』
『なぜあの人はプレッシャーに強いのか』
『大学時代しなければならない50のこと』
『あなたに起こることはすべて正しい』

【きずな出版】
『チャンスをつかめる人のビジネスマナー』
『生きる誘惑』
『しがみつかない大人になる63の方法』
『「理不尽」が多い人ほど、強くなる。』
『グズグズしない人の61の習慣』
『イライラしない人の63の習慣』
『悩まない人の63の習慣』
『いい女は「涙を背に流し、微笑みを抱く男」とつきあう。』
『ファーストクラスに乗る人の自己投資』
『いい女は「紳士」とつきあう。』
『ファーストクラスに乗る人の発想』
『いい女は「言いなりになりたい男」とつきあう。』

『ファーストクラスに乗る人の人間関係』
『いい女は「変身させてくれる男」とつきあう。』
『ファーストクラスに乗る人の人脈』
『ファーストクラスに乗る人のお金2』
『ファーストクラスに乗る人の仕事』
『ファーストクラスに乗る人の教育』
『ファーストクラスに乗る人の勉強』
『ファーストクラスに乗る人のお金』
『ファーストクラスに乗る人のノート』
『ギリギリセーフ』

【リベラル社】
『20代をどう生きるか』
『30代をどう生きるか』【文庫】
『メンタルと体調のリセット術』
『新しい仕事術』
『哲学の話』
『1分で伝える力』
『「また会いたい」と思われる人「二度目はない」と思われる人』

『モチベーションの強化書』
『50代がもっともっと楽しくなる方法』
『40代がもっと楽しくなる方法』
『30代が楽しくなる方法』
『チャンスをつかむ　超会話術』
『自分を変える　超時間術』
『問題解決のコツ』
『リーダーの技術』
『一流の話し方』
『一流のお金の生み出し方』
『一流の思考の作り方』
『一流の時間の使い方』

【PHP研究所】
『自己肯定感が一瞬で上がる63の方法』【文庫】
『定年前に生まれ変わろう』
『メンタルが強くなる60のルーティン』
『中学時代にガンバれる40の言葉』
『中学時代がハッピーになる30のこと』
『もう一度会いたくなる人の聞く力』

『14歳からの人生哲学』
『受験生すぐにできる50のこと』
『高校受験すぐにできる40のこと』
『ほんのささいなことに、恋の幸せがある。』
『高校時代にしておく50のこと』
『お金持ちは、お札の向きがそろっている。』【文庫】
『仕事の極め方』
『中学時代にしておく50のこと』
『たった3分で愛される人になる』【文庫】
『【図解】「できる人」のスピード整理術』
『【図解】「できる人」の時間活用ノート』
『自分で考える人が成功する』【文庫】
『入社3年目までに勝負がつく77の法則』【文庫】

【大和書房】
『いい女は「ひとり時間」で磨かれる』【文庫】
『大人の男の身だしなみ』
『今日から「印象美人」』【文庫】
『いい女のしぐさ』【文庫】
『美人は、片づけから。』【文庫】

『いい女の話し方』【文庫】
『「女を楽しませる」ことが男の最高の仕事。』【文庫】
『男は女で修行する。』【文庫】

【水王舎】
『なぜ美術館に通う人は「気品」があるのか。』
『なぜあの人は「美意識」があるのか。』
『なぜあの人は「教養」があるのか。』
『結果を出す人の話し方』
『「人脈」を「お金」にかえる勉強』
『「学び」を「お金」にかえる勉強』

【あさ出版】
『孤独が人生を豊かにする』
『気まずくならない雑談力』
『「いつまでもクヨクヨしたくない」とき読む本』
『「イライラしてるな」と思ったとき読む本』
『なぜあの人は会話がつづくのか』

【すばる舎リンケージ】
『仕事が速い人が無意識にしている工夫』
『好かれる人が無意識にしている文章の書き方』
『好かれる人が無意識にしている言葉の選び方』
『好かれる人が無意識にしている気の使い方』

【日本実業出版社】
『出会いに恵まれる女性がしている63のこと』
『凛とした女性がしている63のこと』
『一流の人が言わない50のこと』
『一流の男 一流の風格』

【青春出版社】
『50代「仕事に困らない人」は見えないところで
何をしているのか』
『50代から成功する人の無意識の習慣』
『いくつになっても「求められる人」の小さな習慣』

【自由国民社】
『不安を、ワクワクに変えよう。』

『「そのうち何か一緒に」を、卒業しよう。』
『君がイキイキしていると、僕はうれしい。』

【現代書林】
『チャンスは「ムダなこと」から生まれる。』
『お金の不安がなくなる60の方法』
『なぜあの人には「大人の色気」があるのか』

【ぱる出版】
『品のある稼ぎ方・使い方』
『察する人、間の悪い人。』
『選ばれる人、選ばれない人。』

【DHC】
『会う人みんな神さま』ポストカード
『会う人みんな神さま』書画集
『あと「ひとこと」の英会話』

【河出書房新社】
『成功する人のすごいリアクション』
『成功する人は、教わり方が違う。』

【ユサブル】
『迷った時、「答え」は歴史の中にある。』
『1秒で刺さる書き方』

【大和出版】
『自己演出力』
『一流の準備力』

【海竜社】
『昨日より強い自分を引き出す61の方法』
『一流のストレス』

【リンデン舎】
『状況は、自分が思うほど悪くない。』
『速いミスは、許される。』

【毎日新聞出版】
『あなたのまわりに「いいこと」が起きる70の言葉』

『なぜあの人は心が折れないのか』

【文芸社】
『全力で、1ミリ進もう。』【文庫】
『贅沢なキスをしよう。』【文庫】

【総合法令出版】
『「気がきくね」と言われる人のシンプルな法則』
『伝説のホストに学ぶ82の成功法則』

【彩流社】
『40代「進化するチーム」のリーダーは部下をどう成長させているか』

【かざひの文庫】
『そのひと手間を、誰かが見てくれている。』

【学研プラス】
『読む本で、人生が変わる。』

【WAVE出版】
『リアクションを制する者が20代を制する。』

【二見書房】
『「お金持ち」の時間術』【文庫】

【ミライカナイブックス】
『名前を聞く前に、キスをしよう。』

【イースト・プレス】
『なぜかモテる人がしている42のこと』【文庫】

【第三文明社】
『仕事は、最高に楽しい。』

本の感想など、どんなことでも
あなたからのお手紙をお待ちしています。
僕は、本気で読みます。

中谷彰宏

〒162-0801
東京都新宿区山吹町261
株式会社夢の設計社　編集部気付　中谷彰宏　行
※食品、現金、切手などの同封は、ご遠慮ください。

中谷彰宏＊公式サイト▶https://an-web.com

中谷彰宏は、盲導犬育成事業に賛同し、この本の印税の一部を（公財）日本盲導犬協会に寄付しています。

本書は２０１７年６月に刊行された単行本
『成功する人は、教わり方が違う。』を改題し、再編集したものです。

一流の人は、教わり方が違う。

2022年1月20日　初版印刷
2022年1月30日　初版発行

著者◉中谷彰宏

企画・編集◉株式会社夢の設計社
東京都新宿区山吹町261　〒162-0801
電話（03）3267-7851（編集）

発行者◉小野寺優

発行所◉株式会社河出書房新社
東京都渋谷区千駄ヶ谷2-32-2　〒151-0051
電話（03）3404-1201（営業）
https://www.kawade.co.jp/

DTP・印刷・製本◉中央精版印刷株式会社

Printed in Japan　ISBN978-4-309-50434-6